이미지
메이킹

mage Making

Preface

　현대사회에서 이미지는 자신의 목적을 이루기 위한 필수 요인이라고 할 수 있다. 따라서 이미지의 개념을 올바르게 이해하고, 자신의 이미지를 객관적·주관적으로 판단한 후 자신이 가지고 싶은 이미지를 만들기 위해 노력하는 일은 매우 중요하다. 또한 이미지를 자신이 원하는 모습으로 메이킹하는 것은 치열한 경쟁사회에서 살아남기 위해 개인이 반드시 갖추어야 하는 전략적 가치이자 경쟁력이다.

　현재 이미지메이킹의 다양한 방법은 방송이나 연예계뿐만 아니라 정치에도 많이 활용되고 있다. 최근에는 기업들이 자신이 생산하는 제품이나 서비스에 대한 고객의 생각을 긍정적으로 형성하기 위해, 나아가 기업이 가지고 있는 가치를 높이기 위해 이미지메이킹을 적극적으로 활용하고 있다.

　본 교재는 총 12장으로 구성되었다. 다양한 서비스 산업에서 근무하기를 희망하는 학생들이 이미지란 무엇인지 올바르게 인식할 수 있도록 이미지에 대한 개념을 제시하고, 내적 이미지와 외적 이미지를 모두 발전시킬 수 있는 방법을 세부적으로 제시하였다.

　1장에서는 이미지에 대한 개념과 구성요소를 제시하여 자신의 이미지를 분석하도록 하였고, 2장에서는 첫인상에 대한 개념과 중요성을 이해하고 호감 가는 첫인상을 연출하는 방법을 제시하였다. 3장에서는 밝은 표정에 대한 중요성을 인식하고 자연스러운 미소를 표현할 수 있는 훈련법을, 4장에서는 바른 자세를 취할 수 있는 방법과 상황에 맞는 적절한 인사법을 배울 수 있다. 5장에서는 건강한 모발 관리 방법과 제품을 소개하고 본인의 얼굴형에 어울리는 헤어스타일을, 6장에서는 메이크업의 의미와 중요성을 이해하고 기본적인 메이크업 도구와 제품의 기능을 배우고 실습할 수 있다.

이어서 7장은 컬러이미지로 자신이 가지고 있는 고유한 컬러를 확인하고 퍼스널컬러를 진단하는 방법을, 8장은 패션스타일 연출의 중요성을 바탕으로 여성과 남성의 체형별 특징에 따른 스타일 연출법을, 9장은 TPO에 맞는 향수를 선택하고 올바르게 사용하는 방법을 제공하고 있다. 10장은 자신의 목소리의 장단점을 분석하고 올바른 복식호흡을 통해 정확한 발음을, 11장은 커뮤니케이션의 요소와 유형을 공부하고 타인을 칭찬하는 방법을, 끝으로 12장은 면접의 유형과 특징을 이해하고 분야별 면접 이미지 메이킹 요소에 따라 면접 이미지를 구축할 수 있도록 내용을 구성하였다.

끝으로 본 교재가 다양한 서비스 산업에 근무하기를 희망하는 전공 학생들에게 자신이 취업하고자 하는 서비스 산업에 적합한 이미지를 가졌는지 객관적으로 평가할 수 있는 기회를 제공하고, 이를 바탕으로 타인에게 긍정적인 인상을 줄 수 있는 이미지로 변화하기 위해서는 어떠한 노력이 필요한지 다각적으로 분석하고 적용할 수 있는 지침서가 되기를 바란다. 본 교재가 완성되기까지 큰 도움을 주신 한올출판사 관계자 여러분과 집필에 참여해주신 박민희 교수님, 이은영 교수님, 전진명 교수님, 그리고 본 교재에 필요한 사진 작업을 위해 기쁜 마음으로 도움을 준 경남대학교 관광학부 김나희, 이상열 학생에게 깊은 감사의 마음을 전한다.

2023년 1월 저자 대표

박 희 정

이미지메이킹

Contents

Contents

Chapter 01
이미지메이킹의 이해

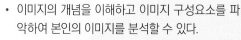

학습목표

- 이미지의 개념을 이해하고 이미지 구성요소를 파악하여 본인의 이미지를 분석할 수 있다.
- 이미지메이킹의 개념과 단계를 이해함으로써 본인의 이미지 개선 방안을 찾을 수 있다.
- 성공적인 이미지메이킹을 위한 개발요소를 파악할 수 있다.

① 이미지

① 이미지의 개념

이미지(image)란 마음속에 그려지는 사물의 상(象)이나 심상(心象), 표상(表象) 등을 말한다. 즉, 어떤 사물이나 사람을 봤을 때 떠오르는 생각이나 느낌, 단어, 감정의 총체이며 특정 대상에 가지는 인상을 의미한다. 이미지는 라틴어 'imago'에서 유래된 것으로 '모방하다'라는 뜻의 라틴어 'imitari'와 관련하여 '특정 대상의 외형적 형태에 대한 모방이나 재현'이라고도 말한다.

이미지는 어떤 대상에 대해 느끼는 인상의 총체이므로 개인의 경험에 영향을 받게 되며, 개인의 인지를 통해서 형상화되고 각인된다. 개개인마다 사물에 상이한 이미지를 가질 수 있는 것처럼, 이미지는 모든 사람들이 동일하게 생각하도록 객관화되어 있는 것이 아니라 개인의 경험에 따른 생각과 태도, 신념에 따라 다양하게 인식될 수 있는 주관적인 것이다. 즉, 이미지는 시각적인 요소 이외에 개인의 행동이나 사고방식, 태도, 언어 등 수많은 감각을 포함한다.

이미지는 경험이나 학습, 정보, 커뮤니케이션 행위에 의해 형성되고 수정, 변화될 수 있다. 대상에 대한 직접적인 경험 없이도 개인이 특정 대상에 가지는 태도를 통해 형성되기도 한다.

② 이미지의 형성

개인의 이미지는 그 사람만이 가지는 고유한 특성으로, 상대의 인식에 따라 다르게 형성되기도 한다. 이미지는 외모나 용모, 복장, 표정, 말투, 자세, 행동 등과 같이 외부로 나타나는 외적 이미지와 신념이나 생각, 감정, 습관, 욕구 등과 같이 심리적, 정신적, 정서적인 특성 등에 관련된 내적 이미지를 상대방이 어떻게 인식하느냐에 따라 형성된다. 따라서 바람직한 이미지를 형성하기 위해서는 외적인 이미지와 내적인 이미지가 조화를 이루고, 상대에게 자신의 이미지를 올바르게 표현해낼 수 있어야 한다.

©www.hanol.co.kr

🕐 학습활동 – 이미지 분석

본인이 생각하는 나의 이미지	타인이 생각하는 나의 이미지

② 이미지메이킹

① 이미지메이킹의 개념

이미지메이킹(image making)이란 자신의 이미지를 연출하여 타인에게 각인시키는 것으로, 개인이 추구하는 목표를 이루기 위해 자신의 이미지를 통합적으로 관리하는 행위이다. 즉, 다른 사람에게 좋은 이미지로 전달될 수 있도록 자신의 이미지를 의도적으로 변화시키는 과정이다. 외적 이미지를 강화하여 긍정적인 내적 이미지를 이끌어냄으로써 자신의 장점을 훌륭하게 표현하여 최상의 모습을 만들어가는 것을 의미한다.

이미지메이킹은 시대가 요구하는 가치관과 미의식이 반영된 자신의 긍정적인 이미지를 만들어가는 것으로, 이를 통해 열등감을 극복하고 자신감을 높여 자아존중감과 자기효능감을 향상시켜준다. 또한 자신만의 개성과 독특성을 발견하여 자아정체성을 확립시킴으로써, 긍정적이고 적극적인 삶의 태도로 바람직한 대인관계를 형성해 성공적인 사회인으로 성장하는 데 기여한다.

이미지메이킹은 단순히 외모만 꾸미는 것이 아니라 내면도 함께 가꾸어 긍정적이고 진실된 내면을 상대방에게 표현하고 알리는 것이다. 이를 위해 자신이 추구하는 이미지를 설정하고 그에 맞는 모델을 선정하여, 단순한 모방이 아닌 자신의 개성을 더한 새로운 이미지를 구현하는 것이 이미지메이킹의 목표이다.

② 이미지메이킹의 6단계

❶ 자신을 알라(Know yourself)

성공적인 이미지메이킹을 위해 가장 먼저 해야 할 일은 나 자신을 제대로 아는 것이다. 즉, 자신을 객관화하여 파악할 수 있어야 한다. 내가 가진 장점과 단점을 파악하여 장점은 살리고 단점은 보완하도록 한다.

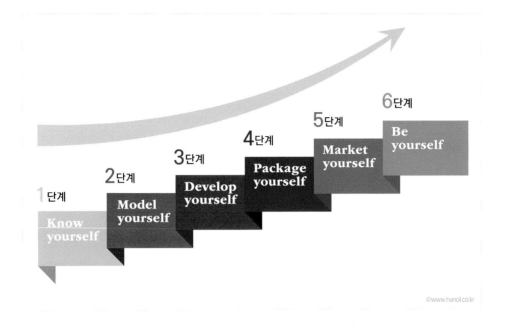

©www.hanol.co.kr

❷ 자신의 모델을 선정하라(Model yourself)

모델을 선정하는 것은 목표를 수립하는 것으로, 이를 통해 자신이 추구할 방안을 구체화할 수 있다. 자신이 선정한 모델을 모방하는 과정을 통해 자신의 발전을 도모하고 본인의 개성이 드러날 수 있도록 노력해 궁극적으로 자신만의 특성을 살릴 수 있어야 한다.

❸ 자신을 계발하라(Develop yourself)

상대가 나에게 긍정적인 관심을 가지도록 자신을 더욱 가치 있게 만드는 노력이 필요하다. 장점은 최대한 극대화하고 단점은 보완하여 긍정적이고 바람직한 이미지를 연출해야 한다. 자기확신을 바탕으로 능동적인 사고와 적극적인 행동을 통한 끊임없는 자기계발이 필요하다.

❹ 자신을 포장하라(Package yourself)

자신만의 개성과 장점을 계발하였다면, 그것이 더욱 돋보이고 가치 있도록 포장해야한다. 상황이나 대상에 맞도록 자신의 이미지를 표현하는 것이다. 외적인 것과 내적인 것을 함께 갖추어 자신을 포장할 수 있어야 한다.

❺ 자신을 팔아라(Market yourself)

상대에게 자신의 가치를 인식시켜 높은 평가를 받도록 노력해야 한다. 자신의 장점과 능력을 상품화하여 상대에게 긍정적으로 각인시켜야 하며, 지속적인 자기계발을 통해 더욱 가치 있고 차별화된 이미지를 구축한다.

❻ 자신에게 진실하라(Be yourself)

이미지메이킹은 포장술이나 위장술이 아니다. 상대에게 잘 보이기 위해 겉으로만 꾸미고 자신을 속이면 상대와 신뢰감을 형성할 수 없다. 자신과 상대방을 진실한 마음으로 대함으로써 신뢰관계를 형성하고 지속적으로 좋은 관계를 유지해야 한다.

자기계발을 통해 긍정적인 이미지를 구축해나가고 이를 바탕으로 상대와 신뢰를 가지고 지속적으로 좋은 관계를 유지하는 것이 이미지메이킹의 목적이며 최종단계다.

🕐 학습활동

이미지메이킹 실천하기
나의 장점 파악
나의 단점 파악
롤모델 선정 (닮고 싶은 부분)
이미지 개선을 위한 실행 방안

③ 성공적인 이미지메이킹을 위한 개발 요소

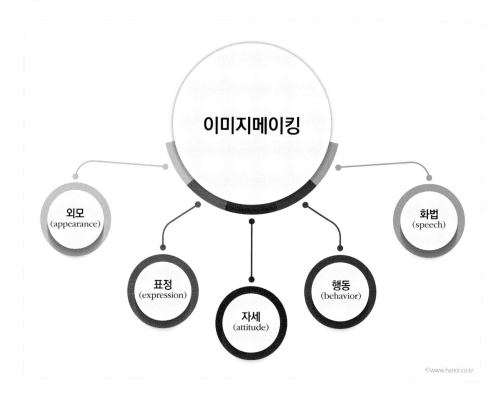

©www.hanol.co.kr

❶ 외모(apperance)

단정한 용모와 복장은 신뢰감과 편안함을 주어 상대방에게 좋은 이미지를 심어준다. 얼굴의 생김새나 신체적인 특성은 개인별로 차이가 나지만 메이크업과 헤어스타일, 옷 차림을 어떻게 연출하느냐에 따라 상대에게 긍정적인 이미지로 각인될 수 있다.

❷ 표정(expression)

표정을 통해 감정이나 정서 등의 심리상태가 얼굴에 나타난다. 감정은 눈과 입의 모양에 따라 긍정적 혹은 부정적으로 비친다. 표정은 상대방에게 본인의 이미지를 전달하는 중요한 요소이므로, 원만한 대인관계 형성을 위해 밝은 표정으로 긍정적인 이미지를 구축해야 한다.

❸ **자세**(attitude)

바른 자세는 상대방에게 신뢰감을 주어 긍정적인 이미지를 형성하는 데 중요한 역할을 한다. 품위 있고 자신감 있는 올바른 자세는 상대에게 좋은 느낌을 전달한다. 선 자세, 걷는 자세, 앉는 자세, 인사 자세 등 바른 자세를 몸에 익힘으로써 긍정적인 이미지를 형성할 수 있다.

❹ **행동**(behavior)

예의 바른 행동은 상대방에 대한 존중과 배려에서 비롯된다. 이는 상대방에게 긍정적인 이미지로 각인되는 중요한 요소이다. 행동은 개인의 욕구나 습관의 영향을 받는다. 감정과 욕구, 습관을 조절하여 나타나는 올바른 행동은 통제력과 자제력을 향상해 더욱 올바른 모습으로 성장할 수 있도록 해준다.

❺ **화법**(speech)

생각과 습관은 표정이나 자세, 행동뿐만 아니라 화법을 통해 직접적이고 구체적으로 표현된다. 사용하는 어휘나 말하는 방법에 따라 사람의 인격과 인성이 드러난다. 바른 생각과 긍정적인 마인드를 바탕으로 한 예의 바른 화법을 통해 좋은 이미지를 구축할 수 있다.

Chapter 02
첫인상 이미지

학습목표

- 첫인상의 개념과 중요성에 대해 알 수 있다.
- 첫인상과 관련된 효과를 이해할 수 있다.
- 자신의 첫인상을 진단하여 호감 가는 이미지 및 첫인상을 연출하는 방법을 습득할 수 있다.

Chapter
02
첫인상 이미지

① 첫인상의 개념과 중요성

누군가를 만나면서 인상이 좋다 혹은 나쁘다는 선입관이 생긴 경험이 있을 것이다. 남녀의 미팅은 물론이고 고객과의 첫 만남에서 나이, 국적, 직업을 불문하고 상대방의 외모와 느낌을 통해 만남이 성공하거나 실패하는 경우가 발생한다. 남녀노소를 불문하고 첫인상(first impression)은 매우 중요하다. 첫인상은 사람이나 사물에 대해 첫눈에 느끼는 인상이며, 첫 대면에서 주어지는 단편적인 정보들을 바탕으로 짧은 시간 동안에 갖게 되는 느낌과 평가이다. 그렇다면 상대방의 첫인상은 어떻게 판단될까?

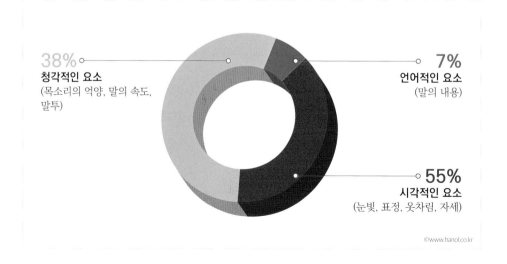

38%
청각적인 요소
(목소리의 억양, 말의 속도, 말투)

7%
언어적인 요소
(말의 내용)

55%
시각적인 요소
(눈빛, 표정, 옷차림, 자세)

©www.hanol.co.kr

「첫인상 3초 혁명」의 저자 카밀 래빙턴(Camille Lavington)은 누군가와의 첫 만남에서 호감과 비호감을 결정짓는 시간은 3~5초이며, 늦어도 7~15초라고 하였다. 또한 미국 다트머스대 심리학과 교수 폴 왈렌(Paul Whalen)의 연구에 따르면 인간의 뇌는 이보다 짧은 0.017초라는 순간에 상대방에 대  한 호감과 신뢰 여부를 결정한다. 우리의 뇌는 아주 짧은 시간 안에 상대방에 대한 매력과 신뢰도를 판단한다. 순간적인 판단에 첫인상이 결정되는 만큼 한번 형성된 첫인상은 바꾸기도 힘들다. 첫인상에 영향을 주는 요소에는 어떤 것들이 있을까?

미국의 사회심리학자 앨버트 메라비언(Albert Mehrabian)은 첫인상에 영향을 주는 요소는 시각적인 요소 55%, 청각적인 요소 38%, 언어적인 요소 7%라고 하였다.

인간은 처음 만나는 사람의 표정, 눈빛, 옷차림, 말투, 말의 속도, 목소리 크기, 머리 모양, 행동 등 몇 가지의 단편적 정보들을 기반으로 상대방에 대한 첫인상의 이미지를 형성한다. 최초의 만남에서 호감의 정도가 높으면 상대방과 관계를 유지하고 발전시킬 수 있지만, 호감의 정도가 낮거나 비호감이면 관계가 단절될 수 있다는 것을 예측할 수 있다. 따라서 첫인상을 관리하는 것이 매우 중요하다. 이는 짧은 시간에 지원자의 합격 여부를 판단하고 결정짓는 면접시험에도 적용된다.

기업 인사담당자 267명을 대상으로 한 취업전문 포털사이트 '잡코리아'의 설문조사에 따르면, 인사담당자의 86%가 첫인상이 좋으면 가산점을 주고, 반대로 첫인상이 나쁘면 감점을 받을 수 있다고 하였다. 실제로 첫인상은 면접에서 중요한 비중을 차지하며 지원자의 얼굴 표정(31.6%), 태도 및 자세(22.5%), 복장(13.4%), 얼굴 생김새(12.1%), 목소리(11.3%), 머리스타일(4.8%), 키 또는 체중(4.3%) 순으로 지원자의 호감도를 평가한다고 하였다.

다른 연구 결과에서는 면접에서의 첫인상이 지원자의 성격과 성실함, 신뢰감을 판단하는 평가로 이어지기도 한다고 하였다. 이러한 결과로 볼 때 긍정적인 대인관계와 효과적인 사회생활을 위해서는 좋은 첫인상을 만드는 행동이 매우 중요함을 알 수 있다.

② 첫인상의 효과

① 초두효과

초두효과(primacy effect)란 처음에 얻은 정보가 나중에 얻은 정보보다 기억에 더 큰 영향을 미치는 현상을 말한다. 미국 텍사스대 심리학과의 베르트람 가브론스키(Bertram Gawronski) 교수 연구진은 초두효과를 알아보는 실험을 했다.

연구진은 여성 118명, 남성 46명(총 164명)의 대학원생에게 컴퓨터 화면을 통해 특정한 사람의 얼굴을 보여주며 "이 사람은 가게에서 물건을 훔쳤다"라며 부정적인 설명을 했다. 그리고 일정 시간이 지난 뒤 같은 사람의 얼굴을 보여주며, 이 사람은 주기적으로 헌혈을 한다"라는 긍정적인 설명을 하였다. 그런데 실험 참가자들은 컴퓨터 화면을 통해 보여준 사람에 대해 긍정적인 설명과 정보를 제시하여도 부정적인 인식을 보였다. 반대로 긍정적인 설명을 먼저 제시한 경우의 실험에서도 실험 참가자들은 이후 부정적인 설명을 들었음에도 '좋은 사람'이라는 긍정적인 반응을 보였다.

즉, 반대되는 정보가 시간 간격을 두고 주어지면 초기의 정보가 후기의 정보보다 더 중요하게 작용한다는 것을 말한다. 이는 어떤 사람에 관한 초기의 이미지가 그 사람의 인상으로 콘크리트처럼 단단히 굳어버린다는 의미로 '콘크리트 법칙'이라고도 표현한다.

② 빈발효과

빈발효과(frequency effect)란 초두효과와 반대되는 현상으로, 반복노출의 효과이다. 첫인상이 좋지 않게 형성되었다고 할지라도, 반복해서 긍정적인 특징과 진정성을 보여줌으로써 점차 좋은 인상으로 바뀌는 것을 말한다. 반복되는 행동이나 태도 때문에 첫인상이 바뀌는 효과이다.

만약 겉으로 보았을 때 말이 없고 수줍음이 많은 소개팅남(여)을 만났다고 가정한다면, 우리는 그 소개팅남(여)은 내성적인 성격을 가지고 있다고 단정하게 된다. 하지만 그 사람과 자주 데이트하는 동안 첫인상과는 달리 반복적으로 유머러스한 행동과 유쾌한

성격을 보게 된다면 점차 활동적이고 외향적인 성격을 가지고 있다고 생각하게 된다. 우연히 라디오에서 흘러나오는 노래를 듣고 처음에는 이상하다고 생각했지만 자주 들으면 들을수록 흥얼거리게 되고 좋아지게 되는 것이 빈발효과에 해당한다. 그러므로 사람을 평가할 때 첫인상에만 의존하지 않고 지속해서 그 사람에 대해 알려는 노력이 필요하다.

③ 최신효과

최신효과(recency effect)란 가장 나중에 들은 정보를 바탕으로 평가하고, 처음에 들은 정보보다 나중에 들은 정보가 기억에 더 잘 남는 현상이다. 사람들에게 많은 정보를 제공했을 때 가장 나중에 제시된 정보를 제일 잘 기억하는 현상이다.

노먼 밀러(Norman Miller)와 도널드 캠벨(Donald Campbell)의 최신효과와 관련된 실험에서 핵심적인 메시지를 전반부에 설명하고 난 후 바로 평가하게 되면 후반부에 제시한 메시지에 대해서는 상대적으로 집중하지 않게 되므로 초두효과가 나타나지만 메시지를 듣고 나서 일주일 후 평가하게 되면 시간의 경과로 들은 지 오래된 첫 번째 메시지보다 비교적 최근 정보인 두 번째 메시지를 더 잘 기억한다는 것이다.

④ 후광효과

후광효과(halo effect)란 어떤 사람이 한 가지 좋은 장점이나 매력을 지니고 있을 때 다른 긍정적인 특성들도 모두 가지고 있을 것이라고 좋게 평가하는 현상이다. 예를 들면, 외모가 잘생긴 사람은 성격, 태도, 학력 등이 모두 좋을 것이라고 단편적인 정보만으로 전체를 긍정적으로 확대해석하는 것을 말한다.

베리 스토(Barry Staw) 교수는 대학생들을 여러 조로 나누어 특정 회사의 매출 결과를 예측하는 실험을 진행하였다. 그리고 매출 결과 발표를 들은 후 교수는 임의의 조를 지정하여 A조는 칭찬하고 B조는 비판한 뒤 그들에게 과제수행에 대한 자체평가를 실시하였다. 그 결과 칭찬을 받은 A조 인원들은 자신을 긍정적으로 평가하였고, 비판받은 B조 인원들은 자신을 부정적으로 평가하였다. 즉, 모든 조원이 정답을 도출하였음에

도 불구하고 교수의 발언이 후광효과로 작용하여 실험에 참여한 사람들의 판단력을 흐리게 하였다.

이처럼 후광효과는 어떤 대상에 대한 긍정 또는 부정의 의견이 구체적인 평가에 영향을 주며, 개인의 일부 특성에 대한 평가가 그 사람의 또 다른 다양한 특성에 대한 평가에 영향을 미치는 현상이다.

5 대비효과

대비효과(contrast effect)란 대비되는 정보로 인해 평가자의 판단이 왜곡되는 현상이다. 일반적으로 서로 친밀하지 않거나 낯선 경우 나타나는 효과로 예를 들어 '자신보다 외모가 잘생기고 예쁘며, 옷을 잘 입고 언변이 좋은 친구와 미팅에 함께 나가지 않는 것'이다. 이는 너무 매력적인 상대와 함께 있으면 그 사람과 비교되어 오히려 자신의 평가가 절하되기 때문이다.

또한 판매매장에서 상품진열 시 초고가 상품을 배치하고 그 옆에 좀 더 저렴한 상품을 진열함으로써 소비자에게 비교적 싸다는 느낌을 전달하는 판매전략 역시 대비효과에 해당한다. 면접에서도 내 앞에 어떤 지원자가 면접을 보느냐에 따라 비교적 더 높게 혹은 낮게 평가를 받을 수 있다.

즉, 절대적인 기준에 기초하지 않고 특정한 대상과 비교해 평가하는 것이다. 이러한 효과를 활용하여 자신이 처한 상황에 잘 활용한다면 자신의 가치를 더욱 높일 수 있다.

③ 첫인상 진단하기

① 자가진단법 1

주변 사람들이 생각하는 나의 첫인상은 어떨까?

카메라를 활용하여 자기 모습과 표정을 진단해보자.

조건

① 카메라 정면에서 고개 및 턱을 아래로 당긴다.
② 미소를 띤 표정 또는 하얀 치아를 보이며, 자신의 모습을 셀프 카메라로 찍는다.
③ 실시간으로 찍은 현재 사진을 1년 전, 3년 전의 사진과 비교하여 어떤 부분이 다른지 체크한다.

표정 자가진단 결과

구 분	조건	현재와의 차이점
1년 전	얼굴 표정	
	분위기	
3년 전	얼굴 표정	
	분위기	

2 자가진단법 2

나의 첫인상은 어떤 느낌인지 아래의 '자가진단 평가지'를 통해 살펴보고 해당하는 문항별로 가중치를 부여하여 체크(√) 표시한 후 점수를 합산하시오.

첫인상 자가진단 평가

연번	문항 내용	가중치				
1	사람을 처음 만날 때 좋은 인상을 만들기 위해 노력한다.	5	4	3	2	1
2	사람을 처음 만날 때 먼저 다가가 상대방과 인사를 나누는 편이다.					
3	평소 외출할 때 상황에 맞는 옷차림을 입는 편이다.					
4	평소 하얀 치아가 보이고, 입꼬리가 위로 올라가게 웃는다.					
5	장시간 상대방과 대화할 때 눈과 미간, 콧등 사이를 번갈아 보며 상대방과 대화를 하는 편이다.					
6	평소 시선과 얼굴의 방향이 일치되게 상대방을 바라보는 편이다.					
7	주변에서 첫인상이 좋다는 이야기를 자주 듣는 편이다.					
8	평소 웃을 때 눈도 같이 환하게 웃는 편이다.					
9	평소 활기차고 명랑한 목소리를 갖고 있다는 이야기를 듣는 편이다.					
10	발음이 정확하다는 이야기를 듣는 편이다.					

자가진단 결과		
25점 이하 ★★	끊임없는 관리가 필요한 사람	당신은 생각과는 다르게 차가운 느낌을 주고, 이기적이거나 상대방을 무시하는 인상으로 보일 수 있기에 끈기와 인내심을 갖고 인상을 개선하고자 하는 노력이 필요하다.
26~39점 ★★★	일상적으로 눈에 띄지 않는 사람	당신은 누군가를 처음 만났을 때 첫인상으로 오해를 일으키는 일이 없는 평범한 인상을 지니고 있어 사람들의 기억에서 잊히기 쉬운 사람이다. 자신의 장점을 극대화하고 단점은 보완하여 처음 만나는 사람들에게 뚜렷한 인상을 심어줄 수 있는 노력이 요구된다.
40점 이상 ★★★★★	처음 만나는 사람도 은은한 미소가 지어지는 사람	당신은 미움을 받아본 경험이 없을 것처럼, 누구에게나 매력적이고 친근한 인상을 소유하고 있다. 오랜만에 만나는 옛 친구 같은 첫인상을 주는 사람으로 처음 만나도 거부감 없이 대화할 수 있는 사람이다. 현재의 첫인상을 유지하고 발전시키는 방안이 필요하다.

 생각해보기

나의 첫인상에 대한 진단 결과를 바탕으로 매력적인 첫인상을 만들기 위해 실천할 수 있는 구체적인 방법을 정리해보자.

Chapter 03
표정 이미지

학습목표

학습목표

- 밝은 표정의 중요성을 이해할 수 있다.
- 자연스러운 미소를 지을 수 있다.
- 밝은 표정의 효과에 대해서 설명할 수 있다.

Chapter 03 표정 이미지

1 표정의 중요성

표정은 첫인상을 결정짓는 중요한 요소로서, 표정을 통해서 상대에게 호감을 줄 수도 있고 불쾌감을 전달할 수도 있다. 상대에게 좋은 첫인상을 주기 위해서 어떤 노력을 해야 하는지 알아보자. 설문조사에 따르면 표정, 눈빛(57.3%)이 가장 큰 영향을 미치고, 자

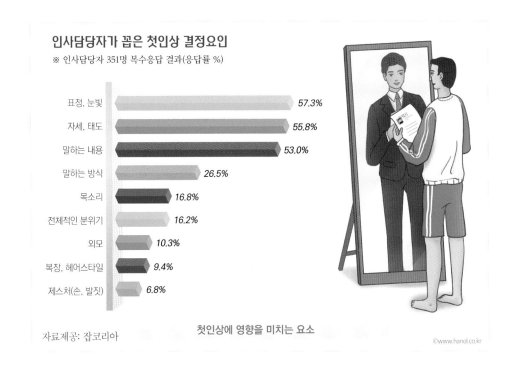

인사담당자가 꼽은 첫인상 결정요인
※ 인사담당자 351명 복수응답 결과(응답률 %)

요소	응답률
표정, 눈빛	57.3%
자세, 태도	55.8%
말하는 내용	53.0%
말하는 방식	26.5%
목소리	16.8%
전체적인 분위기	16.2%
외모	10.3%
복장, 헤어스타일	9.4%
제스처(손, 발짓)	6.8%

자료제공: 잡코리아

첫인상에 영향을 미치는 요소

©www.hanol.co.kr

세와 태도, 말하는 내용과 방식이 다음으로 높은 영향을 미치는 것으로 조사되었다. 즉, 상대에게 호감 가는 이미지를 전달하기 위해서는 가장 먼저 상대를 향한 밝은 표정 연출이 필요하다.

밝은 표정은 상대를 배려하기 위한 기본 매너이다. 상대는 무엇보다 나의 표정을 보고 친절과 기분 상태를 판단한다. 나의 표정이 상대의 심리 상태에 영향을 미칠 수 있다는 것을 의식하고 좋은 인간관계의 형성을 위해 밝은 표정을 지어야 한다. 표정은 자신의 감정이나 기분 등을 표현하는 하나의 의사소통 방법이 된다.

표정은 얼굴을 통해서 나타난다. 사람의 얼굴은 80여 개의 근육으로 이루어져 있으며, 이 중 희로애락을 표현하는 데 사용되는 근육은 50여 개 정도이다. 얼굴의 각 근육을 조합해 만들 수 있는 표정의 수는 7천여 가지에 이른다. 즉, 어떤 근육을 많이 사용하느냐에 따라 호감 가는 인상이 되기도 하고 비호감인 인상이 되기도 한다.

아침에 일어나서 저녁에 잠자리에 들 때까지 종일 어떤 표정을 가장 많이 지었는지 한번 생각해보자. 자신은 밝은 표정을 많이 지었다고 생각하지만, 상대방은 다르게 생각할 수 있다. 내가 거울을 통해 나를 보는 시간보다 오히려 상대가 내 표정을 보는 시

다양한 얼굴 표정

©www.hanol.co.kr

간이 더 많다. 인간은 수많은 사람과의 관계 속에서 살아가는 사회적 동물이기에 자신을 스스로 바라보는 시선보다 타인에게 자신의 표정이 어떤 이미지를 전달하는가의 중요성을 기억해야 한다.

⏰ 실습 – 우리의 표정은 전달이 잘될까요?

'표정'은 상대와 소통할 때 가장 큰 정보로 작용한다. 그렇다면 우리는 상대에게 표정으로 감정을 전달할 수 있을까? 두 명씩 짝을 이뤄 마주 보고 카드에 쓰인 감정을 상대에게 표정으로 전달해보자. 상대방에게 4가지 감정을 표현한 후 답을 맞춰보면서 어떤 감정이 가장 전하기 쉽다고 느꼈는지, 어떤 감정이 가장

전하기 어렵다고 느꼈는지 조사를 해봤더니 다음과 같은 결과가 나왔다.

표에서 보는 바와 같이 81.7%로 가장 전하기 쉬운 감정은 '화난다'였다. 반대로 87.4%에 달하는 사람이 '사랑한다'는 감정이 가장 전하기 어렵다고 답했다. 또한 감정을 쾌감에 속하는 '사랑한다', '즐겁다', '기쁘다'와 불쾌감에 속하는 '화난다', '슬프다'로 나눠보면 88.2%가 불쾌감을 표정으로 전하기 쉽다고 답한 데 비해 94%가 표정으로 쾌감이 전해지지 않는다고 답했다.

인간관계를 원활하게 하는 것은 '기쁨', '즐거움'이나 '사랑'의 표정, 즉 '스마일'이라 할 수 있는데 실제로는 그것이 가장 전하기 어렵고 역으로 인간관계를 방해하는 '화남'이나 '슬픔'과 같은 부정적인 감정은 아주 쉽게 전해진다는 얄궂은 결과다.

표정 전달 게임에서 좋은 감정이 전해지지 않는다의 비율이 갈수록 높아지고 있어 이런 경향이 최근 더 강해지고 있다는 사실을 알 수 있다. 그만큼 인간관계와 커뮤니케이션에 어려움을 느끼는 사람이 점점 더 많아진다는 반증이다. 일상생활이 이렇다면 고객을 직접 대하는 직업을 가진 사람들의 입장은 어떨까? 고객을 대하는 직원의 '얼굴 표정'이 매출과 밀접한 관계가 있다는 것은 두말할 필요가 없을 것이다.

	LOVE	HAPPY	ANGRY	SAD
전해진다	65명 (1.4%)	495명 (10.5%)	**3,895명 (81.7%)**	305명 (6.5%)
안 전해진다	**4,128명 (87.4%)**	313명 (6.6%)	16명 (0.3%)	267명 (5.7%)

©www.hanol.co.kr

② 밝은 표정 연출하기

① 표정 연습의 필요성

운동을 할 때도 효과를 높이기 위해서 준비운동이 필요하듯이 밝은 표정을 만들기 위해서도 얼굴 근육을 풀어주는 준비운동이 필요하다. 밝고 자연스러운 미소를 지속적으로 유지하기란 쉽지 않기 때문에 상황에 어울리는 적절한 표정 연출을 위해 꾸준한 연습이 필요하다.

② 바르지 못한 표정

본인은 정작 무표정한 얼굴을 잘 인식하지 못한다. 하지만 무표정한 얼굴은 상대에게 불필요한 긴장감과 거리감을 유발할 우려가 있다.

❶ 주름진 미간

걱정에 잠겨 있거나 화를 낼 때는 일반적으로 눈썹에 힘을 주며 미간에 주름이 진다. 미간이 주름진 얼굴은 우울한 감정을 유발하며 상대방에게 안 좋은 인상을 남긴다. 또한 반복해서 미간에 주름이 지면 표정이 고착화되어 가만히 있어도 근심이 있거나 화난 사람처럼 보여 오해를 불러일으킬 수 있다.

❷ 끝이 올라간 눈썹과 부릅뜬 눈

안쪽은 내려가고 바깥쪽은 올라가는 눈썹 모양과 부릅뜬 눈은 성격이 거세 보이기 마련이고 상대방에게 두려움을 느끼게 할 소지가 있다.

❸ 처진 광대

얼굴 광대 부위의 지방층과 근육이 아래로 처지게 되면 눈밑이 꺼지고 팔자 주름이 생긴다. 눈밑이 꺼지면 피곤한 인상을 주며 팔자 주름은 나이가 많아 보이게 한다.

❹ 굳게 다문 입술과 처진 입꼬리

입술은 표정을 많이 드러내는 부위 중 하나이다. 입꼬리가 올라가면 자연스럽게 미소 또는 긍정적인 감정을 전달하게 되며 반대로 입꼬리가 내려가면 부정적인 감정을 전달하게 된다.

③ 호감 가는 밝은 표정

❶ 부드러운 눈썹과 미간

눈썹 끝과 눈매가 내려가 있으면 상대에게 선한 인상을 줄 수 있다. 눈썹과 눈에 과하게 힘을 주거나 표정을 찡그리면 자연스럽게 미간에 주름까지 생긴다. 눈에 미소를 지으면 눈썹과 눈매가 자연스럽게 내려가며 미간에도 주름이 생기지 않으며 부드러운 인상을 줄 수 있다.

❷ 볼록한 광대와 올라간 입꼬리

앞 광대가 위로 볼록하게 올라가 차오르면 좋은 인상을 줄 수 있다. 앞 광대를 볼록하게 하기 위해서는 입꼬리를 올리면 된다. 즉, 입에 미소를 지으면 입꼬리가 올라가고 광대가 볼록하게 차오른다.

동서양 문화권에 따라 이모티콘 사용에도 차이가 있다?

서양 문화권과 동양 문화권에서 감정을 읽는 방식이 다르다는 연구결과가 있다. 서양에서는 감정을 표현할 때 입을 강조하고 눈은 ':' 모양을 사용한다. 반면 동양에서 많이 쓰이는 수직형 이모티콘은 감정을 표현할 때 눈을 강조한다. 다양한 문자를 사용해 눈 모양을 표현하여 감정과 의미를 전달하는 반면, 입 모양은 '_' 모양을 주로 사용한다. 동양인은 눈을 보고 표정을 해석하는 반면 서양인은 입을 보고 표정을 해석하기 때문이다.

🚨 일본과 미국, 유럽의 이모티콘 비교

Japan		U.S. and Europe	
Smiles			
Regular smile	(^_^)	Regular smile	:-)
Very happy	(^0^)	Very happy	:-))
Banzai smiley	\(^_^)/	Wink	;-)
Girl's smile	(^.^)		
Other emotions or states			
Gold sweat	(^^;)	Angry	:-||
Excuse me	(^o^;))	Sad	:-(
Exciting	(*^o^*)	Wow!	:-0

출처: Pollack, 1996

④ 자연스러운 미소 훈련

밝은 표정과 자연스러운 미소는 상대에게 호감을 줄 수 있으며 신뢰감을 향상시켜 긍정적인 반응을 이끌어낼 수 있기 때문에 대인관계 형성에 기본이 된다. 밝은 표정을 연출하기 위해서는 많은 연습과 노력이 필요하다. 얼굴의 근육은 사용하지 않으면 자연스럽게 노화와 함께 굳어가며 이는 결국 굳게 다문 입, 주름진 미간과 같은 바르지 못한 표정으로 굳어질 수 있다. 얼굴 근육을 유연하게 움직여 자연스러운 미소를 연출할 수 있도록 매일 연습한다면 표정 근육이 자리 잡게 되어 밝은 표정을 편안하게 연출할 수 있게 된다.

스마일 로빅스

❶ 경혈 풀어주기

- 관자놀이-눈을 지그시 각 4회 누른다.
- 코-광대-귀 뒤-입가를 각 2회 누른다.

❷ 입 운동

- '아~', '허~' 하고 4박자 입을 벌린다.
- '에~', '헤~' 하고 4박자 입을 벌린다.
- '이~', '히~' 하고 4박자 입을 벌린다.
- '오~', '호~' 하고 4박자 입을 벌린다.
- '우~', '후~' 하고 4박자 입을 벌린다.
- 2박자로 '아-에-이-오-우', '하-헤-히-호-후' 하고 입 운동을 한다.

❸ 눈 운동

- 눈을 2박자 동안 크게, 작게 뜨기를 4회 반복한다.
- 눈동자를 왼쪽, 오른쪽, 위로, 아래로 2박자로 총 2회 움직인다.
- 2박자로 윙크를 왼쪽, 오른쪽 총 8회 한다.

❹ 볼 운동

- 볼을 4박자로 부풀린다.
- 왼쪽 볼을 4박자로 부풀린다.
- 오른쪽 볼을 4박자로 부풀린다.
- 왼쪽, 오른쪽 볼을 2박자씩 각 2회 부풀린다.
- 입안에 바람을 넣어 왼쪽, 오른쪽 볼을 4박자씩 각 1회 부풀린다.

❺ 자연스러운 미소 짓기

- 거울을 보면서 연습한다.
- 거울 속 자신과 눈을 맞춘다.
- 입꼬리를 올린다
- 눈과 입이 함께 미소 짓도록 연습한다.
- 얼굴에 자연스러운 미소 라인을 만든다.

③ 밝은 표정의 효과

❶ 건강 증진 효과

웃는 근육을 많이 사용하면 과학적으로 건강에 유익한 영향을 준다.

❷ 감정 이입 효과

밝고 환하게 웃는 표정을 보면 기분이 좋아진다.

❸ 마인트 컨트롤 효과

훈련에 의한 웃음이라도 밝고 환한 표정을 지으면 실제로 기분이 좋아진다.

❹ 신바람 효과

밝은 표정으로 생활하면 기분 좋게 일할 수 있다.

❺ 실적 향상 효과

밝은 표정으로 일하다 보면 업무가 효율적으로 진행되어 능률이 오르게 된다.

❻ 호감 형성 효과

나의 표정은 상대가 보고 느끼며 판단하는 것으로 밝은 표정은 나에 대한 좋은 이미지를 형성한다.

이미지메이킹

Chapter 04
자세 이미지

학습목표

- 바른 자세의 중요성을 이해할 수 있다.
- 바른 서비스 자세를 취할 수 있다.
- 상황에 맞는 적절한 인사를 할 수 있다.

Chapter
04

자세 이미지

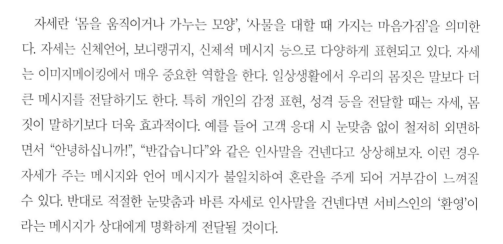

① 바른 자세의 중요성

자세란 '몸을 움직이거나 가누는 모양', '사물을 대할 때 가지는 마음가짐'을 의미한다. 자세는 신체언어, 보디랭귀지, 신체적 메시지 능으로 다양하게 표현되고 있다. 자세는 이미지메이킹에서 매우 중요한 역할을 한다. 일상생활에서 우리의 몸짓은 말보다 더 큰 메시지를 전달하기도 한다. 특히 개인의 감정 표현, 성격 등을 전달할 때는 자세, 몸짓이 말하기보다 더욱 효과적이다. 예를 들어 고객 응대 시 눈맞춤 없이 철저히 외면하면서 "안녕하십니까!", "반갑습니다"와 같은 인사말을 건넨다고 상상해보자. 이런 경우 자세가 주는 메시지와 언어 메시지가 불일치하여 혼란을 주게 되어 거부감이 느껴질 수 있다. 반대로 적절한 눈맞춤과 바른 자세로 인사말을 건넨다면 서비스인의 '환영'이라는 메시지가 상대에게 명확하게 전달될 것이다.

① 올바른 자세의 중요성

- 올바른 자세는 상대에게 신뢰감을 주어 자신에 대한 긍정적인 이미지를 형성하는 데 중요한 역할을 한다.
- 대화 내용과 상황에 따른 적절한 자세는 전달하고자 하는 내용을 더욱 명확하게 전달할 수 있게 해준다.
- 서비스 상황에서 고객을 향한 예의 바른 자세는 고객에 대한 호의나 친밀감, 존중

을 표현하는 수단으로 고객과의 관계에서 긍정적으로 작용한다.

· 서비스인의 바른 자세는 기업의 이미지, 서비스 품질에 긍정적인 영향을 미친다.

TIP! 신체언어와 이미지메이킹

얼굴 표정의 매력속성은 문화 간에 유사한 점이 많다고 한다. 즉, 우리나라에서 호감 가는 얼굴과 표정은 다른 문화권에서도 호감 가는 이미지가 된다.

그러나 흥미롭게도 신체언어, 즉 자세나 몸짓 동작은 문화권에 따라 굉장한 차이가 있다. 이 때문에 글로벌 사회에서 다양한 문화권 사람들과 관계를 형성하고 서비스하기 위해서는 상호 간에 오해가 없는 바른 자세와 품위 있는 몸짓을 보여야 한다.

이미지메이킹에서 가장 중요한 핵심은 내가 생각하는 자신의 이미지보다 상대가 생각하는 나의 이미지가 어떠한가를 이해하는 것이다. 다른 문화권의 상대도 나의 자세에 긍정적인 이미지를 형성할 수 있도록 자신을 객관적으로 파악하고 바른 자세를 유지하기 위해서 노력해야 한다.

출처: MBC 스페셜, 〈첫인상을 만드는 신체언어 〉

② 기본 자세

바른 자세는 당당한 인상과 함께 안정된 분위기를 연출한다. 상대에게 좋은 이미지를 남기기 위해 갖춰야 하는 기본 자세를 살펴보자.

① 선 자세

모든 동작과 자세의 기본은 선 자세이며 중요한 것은 양쪽 다리에 체중을 균등하게 실어 몸의 중심이 어느 한쪽으로 쏠려 기울지 않도록 하는 것이다. 고객을 맞이하기 전 용모와 복장을 점검하고 밝은 표정과 마음의 준비를 마친 후 접점에서 대기하는 자세이다. 선 자세는 서비스 대기 자세로 항상 자연스럽고 안정된 자세를 유지하기 위한 연습과 훈련이 필요하다.

❶ 여성의 선 자세

©www.hanol.co.kr

- 등과 가슴을 곧게 펴고, 허리와 가슴은 일직선이 되게 한다.
- 반가운 눈빛으로 상대와 눈을 맞추며, 턱은 살짝 당긴다.
- 자연스럽고 밝은 표정을 짓는다.
- 아랫배에 힘을 주어 단전을 단단하게 한다.
- 여성은 오른손이 위로 올라가게 손을 포갠 다음, 배꼽 바로 밑에 가볍게 댄다.
- 손가락은 가지런히 붙이고 어깨와 팔에 힘이 들어가지 않도록 한다.
- 무릎은 구부리지 않으며, 양쪽 무릎을 붙인다.
- 발꿈치는 붙이고 발끝은 15도 정도 벌리고 선다.
- 몸이 한쪽으로 기울어지지 않도록 몸의 균형을 유지한다.

❷ 남성의 선 자세

여성의 선 자세와 동일하며 다른 점은 아래와 같다.

- 두 손은 달걀을 쥐듯 가볍게 말아서 바지 재봉선 옆에 가지런히 놓는다.
- 발꿈치는 붙이고 발끝은 30도 정도 벌리고 선다.
- 남성의 경우 일반적으로 바지 재봉선 옆에 손을 내려 차렷 자세를 유지하지만, 고객을 응대하는 업무를 하는 공수 시에는 왼손을 위로 하여 공손함을 표한다.

©www.hanol.co.kr

② 공수 자세

공수 자세는 의식, 행사 또는 어른 앞에서 두 손을 앞으로 맞잡는 것이다. 공수는 공손한 자세로, 모든 동작의 시작점이 된다. 성별과 행사의 성격에 맞게 자세를 취하는 것이 매우 중요하다. 우리나라에서 왼쪽은 동쪽, 즉 양(陽)이기 때문에 양인 남자는 왼손을 위로 하고, 오른쪽은 서쪽, 즉 음이기 때문에 음인 여자는 오른손을 위로 한다.

©www.hanol.co.kr

- 엄지손가락을 엇갈리게 해서 깍지를 끼고, 네 손가락을 모아서 포갠다.
- 평상시 남자는 왼손, 여자는 오른손이 위로 가도록 한다.
- 단, 흉사 시에는 반대로 한다. 흉사는 초상집, 영결식 등을 의미한다. 제사는 조상을 받드는 길(吉)한 일이므로 평상시의 공수 자세를 취한다.
- 모은 두 손은 자연스럽게 배꼽 아래 단전에 위치한다.

TIP! 바르지 못한 자세 Don't!

©www.hanol.co.kr

① 한 손을 허리에 올리고 서 있는 자세
② 양팔로 가슴 앞에 팔짱을 낀 자세
③ 양팔을 지나치게 아래로 내려서 잡는 자세
④ 손을 주머니에 넣는 자세

한순간이라도 바르지 못한 자세는 상대방에게 부정적 의미를 전달할 수 있기 때문에 평소 자세에 주의를 기울여야 한다. 또한 자세는 평소 습관이기에 훈련을 통해 바른 자세를 체득할 수 있도록 지속적으로 노력해야 한다.

③ 앉은 자세

의식하지 않고 털썩 주저앉은 구부정한 자세는 의욕이 없어 보인다. 앉은 자세는 면접 상황 또는 고객이나 동료와의 만남 시, 상대를 평가하는 중요한 요소가 된다. 올바르게 앉은 자세만으로도 자신감 넘치며 단정한 이미지를 줄 수 있다는 것을 명심하자.

❶ 여성의 앉은 자세

- 의자에 앉기 전 의자의 위치를 확인하고 치마의 뒤폭을 정리하여 앉는다.
- 무릎을 붙이고 두 발은 가지런히 모은다.
- 모은 다리는 일직선이 되게 하거나, 15도 정도 사선으로 뻗는다.
- 살포시 포갠 두 손은 치마를 가볍게 누르며 무릎 위에 올려놓는다.
- 가슴과 등을 곧게 펴고 시선은 정면을 향한다.
- 등과 의자 등받이 사이에 주먹이 하나 들어갈 정도의 간격을 두고 깊숙이 앉는다.

©www.hanol.co.kr

❷ 남성의 앉은 자세

- 의자의 반 보 앞에 바르게 선 자세에서 한 발을 뒤로 움직여 의자 깊숙이 앉는다.
- 등받이와 등 사이에 주먹이 하나 들어갈 정도의 간격을 둔다.
- 가슴과 등은 곧게 펴고 시선은 정면을 향하게 한다.
- 두 발은 허리만큼 약간 벌리고 이때 너무 좁게 벌리거나 너무 넓게 벌리지 않도록 주의한다.
- 두 손은 달걀을 쥐듯 주먹을 가볍게 쥐고 무릎 위에 자연스럽게 올려놓는다.

©www.hanol.co.kr

❹ 걷는 자세

자신감 있고 당당한 걸음걸이는 상대에게 호감을 준다. 구부정하거나 힘없이 축 처진 걸음걸이는 지치고 힘든 이미지를 전달하며, 과도한 팔자 걸음걸이나 뒷짐을 지는 걸음은 상대에게 부담스러운 이미지를 줄 수 있다. 현대인에게 필요한 당당한 걸음걸이를 배워보자.

❶ 발 동작

- 발끝이 먼저 닿는 느낌으로 걷는다.
- 남자의 경우 뒷굽부터 닿지만 너무 무겁게 걷지 않도록 한다.
- 발끝은 평행이 되게 하며 '11자'로 걷는다.
- 여성의 경우 무릎 안쪽이 서로 스치듯이 직선으로 걷는다. 남성의 경우도 무릎 사이가 벌어지지 않도록 주의한다.

❷ **팔 동작**

- 두 팔은 자연스럽게 움직이며 손바닥이 안쪽으로 향하도록 한다.
- 두 팔을 흔드는 정도가 같도록 한다.

❸ **시선**

- 시선은 정면을 향하며 턱을 가볍게 당긴다.

❹ **기타**

- 등과 허리를 곧게 펴고 어깨에 힘을 뺀다.
- 보통의 경우 어깨너비만큼의 보폭이 좋으나 굽의 높이나 스커트 폭에 따라 보폭을 조절하여 자연스럽게 걷는다.
- 걸을 때 팔, 어깨, 엉덩이가 과도하게 흔들리지 않도록 주의한다.

©www.hanol.co.kr

③ 동작 이미지

장소나 사물을 가리킬 때나 고객을 모시고 이동할 때, 비즈니스 상황에서 악수 및 명함을 교환할 때 등 다양한 상황에서 좋은 매너로 상대를 응대할 수 있도록 적절한 동작을 숙지해야 한다. 상대에게 좋은 이미지를 남기기 위해 갖춰야 하는 상황별 동작을 살펴보자.

1 일어나서 응대·맞이하는 자세

고객이나 상사, 방문객이 사무실에 오는 경우, 공식적·비공식적 비즈니스 모임에서 상대를 맞이하는 경우 앉은 자리에서 일어나서 응대하거나 맞이한다. 응대하거나 맞이하기 위해 일어날 때는 머뭇거림 없이 즉시 일어나며 이후 동작은 공수 자세를 한다. 이러한 행동은 상대에게 관심과 존중을 표현하는 동작이며 반대로 일어나지 않고 맞이하거나 응대할 경우 자신이 더 중요하다는 메시지로 여겨져 상대의 입장에서는 무례하다고 느낄 수 있다.

- 고객 방문 시 하던 일을 멈추고 신속하게 응대에 임한다.
- 밝은 표정과 정중한 자세(선 자세)로 인사하고 고객의 성함과 용건을 확인한다.

2 방향 안내 자세

일상에서 고객에게 방향을 안내하는 일은 빈번하다. 회의장을 안내하거나 화장실, 좌석을 안내할 수도 있다. 이때 가능하다면 상대가 원하는 장소까지 동행하여 안내하는 것이 가장 좋다. 불가능할 경우에는 정중한 화법으로 고객의 입장에서 이해할 수 있는 정확한 동작으로 안내한다. 다음과 같은 방법으로 방향 안내를 한다.

- 대기 자세를 유지한다.
- 방향을 가리킬 때는 손가락을 가지런히 모으며, 손목이 꺾이지 않도록 한다.
- 손바닥이나 손등이 정면으로 보이지 않도록 45°로 눕혀 손 전체로 방향을 안내한다.

- 팔꿈치의 각도로 거리를 나타낸다.(가까운 거리의 경우 팔꿈치를 구부리고, 먼 거리를 안내할 경우 팔을 펴서 안내한다.)
- 오른쪽을 안내할 때는 오른손을, 왼쪽을 안내할 때는 왼손을 사용한다.(상대를 향해 등이 보이는 닫힌 자세는 폐쇄적인 이미지를 전달하는 반면 상대를 정면으로 응대하는 열린 자세는 수용·포용의 이미지를 전달한다.)
- 사람을 가리킬 때는 두 손을 모두 사용하고, 방향을 가리킬 때는 한 손을 사용하며, 다른 손은 아랫배에 자연스럽게 위치한다. 두 손으로 안내해도 무관하다.
- 시선은 '상대방의 눈 → 가리키는 방향 → 상대방의 눈' 순(삼점법)으로 행한다.
- 손가락, 턱으로 방향을 가리키거나, 상대방을 보지 않고 안내하는 무례한 행동은 피한다.

©www.hanol.co.kr

③ 동행 안내 자세

- 상대방과 동행하여 안내할 때는 상대방 바로 앞에 서거나 옆, 뒤에 서지 않는다.
- 상대방의 대각선 방향으로 2~3보 정도 앞에서 보조를 맞춰가면서 이동한다.
- 고객을 안내하는 경우 고객 앞에서 걷고, 상사를 수행하는 경우 뒤에서 걷는 것이 좋다.

©www.hanol.co.kr

- 가끔 뒤돌아보며 상대와의 거리를 확인하면서 걷는다.
- 방향을 바꾸는 경우 구두(口頭)로 미리 안내한 후 손으로 방향을 알려준다.

④ 계단 및 승강기 안내 자세

❶ 계단에서 안내하기

- 계단을 오를 때는 고객보다 한두 계단 뒤에서, 내려갈 때는 한두 계단 앞에서 안내한다.(고객보다 높은 위치에 서지 않도록 한다.)
- 스커트 차림의 여성을 안내할 경우, 올라갈 때는 먼저 올라가고 내려올 때는 뒤에서 내려간다.

©www.hanol.co.kr

❷ 승강기에서 안내하기

- 승강기를 탈 때는 미리 행선 층을 안내한다.
- 상석은 들어가 좌측이며, 고객이 중앙에 선 경우 그 주위에 선다.

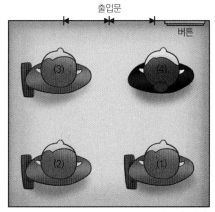

©www.hanol.co.kr

- 승강기 안에 다른 안내자, 승무원이 있는 경우   탈 때는 고객보다 나중에 타고, 내릴 때는 고객보다 먼저 내려서 안내한다.

©www.hanol.co.kr

- 승강기 안에 다른 안내자, 승무원이 없는 경우   탈 때는 고객보다 먼저 타서 버튼을 조작하고, 내릴 때는 고객이 안전하게 내릴 때까지 버튼을 누른 후 나중에 내린다.

©www.hanol.co.kr

⑤ 문 입구 안내 자세

- 당겨서 여는 문일 경우 안내자가 문을 당겨 열고 서서 고객이 먼저 통과하도록 한다.
- 밀어서 여는 문일 경우 안내자가 먼저 통과한 후, 문을 잡고 고객이 통과하도록 한다.
- 수동 회전문일 경우 고객이 먼저 들어가게 하고 안내자는 뒤에서 고객의 걸음에 맞추어 문을 밀어준다.

당겨서 여는 문   밀어서 여는 문   회전문

©www.hanol.co.kr

⑥ 물건 수수 자세

작은 물건 수수 시 자세   큰 물건 수수 시 자세   메모지를 전달할 때의 자세

©www.hanol.co.kr

- 물건을 건넬 때는 가슴과 허리 사이의 위치에서 주고받도록 한다.
- 반드시 양손으로 건네고 받는다.
- 작은 물건을 주고받을 때는 한 손으로 다른 한 손을 받쳐서 공손함을 표현한다.
- 받는 사람의 입장에서 정방향이 되도록 전달한다.(글자의 방향이 상대방의 입장에서 제대로 보일 수 있도록 하며, 펜 등은 바로 사용할 수 있도록 건넨다.)

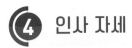 **인사 자세**

    인사(人事)는 '사람 인(人)'과 '일 사(事)'로 이루어진 단어로, 사람과 사람 사이의 일을 뜻한다. 즉, 사람을 만나 마주 대하거나 헤어질 때 예를 표하는 것으로 인사를 통해 서로 인지하고 소통을 시작한다고 할 수 있다. 우리는 매일 가족, 친구, 동료, 상사 그 밖의 수많은 사람을 만나고 있다. 그때마다 "안녕하세요", "반갑습니다", "감사합니다", "좋은 하루 보내세요" 등의 인사말로 소통을 시작한다. 이처럼 인사는 우리의 일상생활 자체라고 해도 과언이 아니다. 인사는 인간관계의 출발점이자 서로에 대한 가장 기본적인 예의다.

    인사는 인간관계를 형성할 때 윤활유 역할을 하며 사회생활에서 서로의 마음을 열게 하는 효과적인 방법이다. 바른 자세로 건네는 인사를 통해서 자신의 인격과 교양을 외적으로 표현하며 긍정적인 이미지를 연출할 수 있다. 상대방의 인격을 존중하고 배려와 호감을 표현하는 바른 인사법에 대해서 알아보자.

Meetings & Greetings

만남과 인사 예절처럼
우리 자신의 모습이
분명히 드러나는 것은 없다.

- 요하나 라바터 -

©www.hanol.co.kr

TIP! **6가지 인사 포인트**

① 인사는 내가 먼저
② 밝은 표정
③ 상대방과 눈 맞춤
④ 밝은 목소리와 인사말
⑤ TPO에 맞게(T: Time·시간, P: Place·장소, O: Occasion·상황)
⑥ 진심을 담아서 인사한다.

©www.hanol.co.kr

1 인사 기본 자세

구 분	내 용
표정	• 밝은 표정, 부드러운 미소를 짓는다.
시선	• 인사 전후에는 상대의 눈을 부드럽게 바라본다.
어깨	• 어깨가 안쪽으로 말리지 않도록 펴며, 자연스럽게 내린다.
머리-가슴-허리	• 자연스럽게 곧게 펴서 일직선이 되도록 한다.
손	• 여성은 공수 자세, 남성은 주먹을 가볍게 쥐어 바지 재봉선에 붙인다.
무릎	• 곧게 펴고 무릎을 붙인다.
발	• 발뒤꿈치는 붙이고 발의 앞쪽은 남자는 30도, 여자는 15도 정도 살짝 벌린다.

❷ 인사 순서

구 분	내 용
1단계	• 기본 자세로 상대와 시선을 맞춘 후 인사말을 한다.
2단계	• 허리부터 상체를 숙이고, 이때 등과 목은 일직선이 되도록 한다.
3단계	• 숙인 자세에서 시선은 상대의 발끝에 두거나 자신의 발끝에서 일정 거리에 둔다. • 약례: 2.5m 정도 • 통례: 2.0m 정도 • 정중례: 1.5m 정도
4단계	• 숙인 상태에서 잠시 멈춘다.(약 2초 정도)
5단계	• 굽힐 때보다 천천히 상체를 들어올린다.(상대에게 정중함이 전달된다.)
6단계	• 다시 기본 자세로 상대방과 시선을 맞추며 미소 짓는다.

❸ 인사 시점

　인사는 짧은 순간 이루어지기 때문에 적시에 이루어질 수 있도록 해야 한다. 상대가 누구인지 파악하거나, 상대가 먼저 인사하기를 기다리다가는 인사의 적절한 시점을 놓칠 수 있기 때문에 인사는 상대를 가리지 않고 내가 먼저 하는 것이 가장 좋다. 또한 머뭇거리거나 쭈뼛거리며 인사한다면 억지로 하는 듯한 인상을 주어 부정적인 이미지가 전달된다. 인사는 적극적으로 자신감 있게 표현하는 것이 좋다.

- 인사는 내가 먼저 하며, 상대가 인사를 받지 않더라도 하는 것이 좋다.
- 인사 대상과 방향이 다를 때 가장 적절한 인사 시점은 6보(약 10m) 이내이다.
- 갑자기 마주쳤을 때도 즉시 상황에 맞는 인사를 한다.
- 인사 대상이 앞에서 걸을 때는 빠르게 상대 앞으로 가서 인사한다.
- 상사나 윗사람이 계단 아래에 있을 경우 가능하면 상대와 같은 위치로 이동하여 인사한다.(계단이 좁거나 사람이 많을 경우, 마주치는 즉시 하는 것이 좋다.)

④ 인사 종류

인사법은 마음의 표현 정도, 상황에 따라 달라질 수 있다. 예를 들어 기내에서 고객을 맞이할 때 하는 환영 인사, 좁은 공간에서 마주쳤을 때 하는 인사, 상대에게 감사나 사과의 뜻을 표현할 때 하는 인사는 달라야 한다. 장소와 상황에 따른 올바른 인사법을 익혀 실전에서 활용할 수 있도록 하자.

구 분	방법	상황
목례	• 눈으로 예의를 표하는 인사 • 허리를 숙이지 않고 가볍게 머리만 숙여서 인사한다.	• 양손에 무거운 짐을 들고 있는 경우 • 모르는 사람과 마주치는 경우 • 실내나 복도에서 자주 마주치는 경우 • 통화 중인 경우
약례	• 허리를 15° 정도 숙여서 하는 인사	• 협소한 공간(실내, 통로, 엘리베이터)에서 만나는 경우 • 화장실과 같은 개인적인 공간에서 만나는 경우 • 고객이나 상사를 여러 차례 만나는 경우 • 손아랫사람, 동료, 친한 사람과 인사하는 경우 • 회의 중에 출입하는 경우
보통례	• 허리를 30° 정도 숙여서 하는 인사 (가장 많이 하는 인사로, 상대에 대한 정식 인사)	• 보편적으로 처음 만나 인사하는 경우 • 고객이나 상사와 만나거나 헤어지는 경우 • 상사에게 보고하거나 지시를 받는 경우

구 분	방법	상황
정중례	• 허리를 45° 정도 숙여서 하는 인사 (가장 정중한 표현이므로 가벼운 표정은 지양)	• 상대에게 감사의 뜻을 전할 경우 • 상대에게 잘못된 일에 대해 사과하는 경우 • 면접이나 공식 석상에서 처음 인사하는 경우 • VIP 고객이나 직장의 CEO를 맞이하는 경우 ©www.hanol.co.kr

5 인사말

인사에 말 한마디 덧붙이거나 상황에 맞는 적절한 인사말로 편안한 분위기를 조성할 수 있다. 최근 엘리베이터 또는 대중교통 등과 같은 다수의 사람이 함께 이용하는 공공장소에서 '실례합니다', '감사합니다'와 같은 사소한 인사말이 없어지고 있다.

다양한 상황에서 마음을 표현할 수 있는 적절하고 풍성한 인사말을 구사하는 역량이 필요하다. '안녕하십니까', '안녕히 가십시오' 등과 같은 자주 구사하는 정해진 인사말 뒤에 '안녕하십니까. 뵙게 되어 영광입니다', '안녕히 가십시오. 다음에 또 뵙겠습니다'라는 식으로 한마디를 추가하는 것에서 진심이 전달된다.

인사 뒤에 이어지는 말 한마디는 자신의 노력과 의지에 달려 있으며, 상대에 대한 관심과 배려의 마음에서 시작된다. 겉치레의 말, 성의 없는 말투, 직업적이고 상투적인 인사말이 아닌 진심에서 우러나오는 인사말로 상대의 마음을 움직일 수 있다. 상대를 향한 관심으로 특별한 면모를 찾아내어 풍성한 인사말을 구사해보자.

Chapter 05
헤어 이미지

학습목표

- 건강한 모발관리를 위한 방법과 제품 사용에 대해 알 수 있다.
- 본인의 얼굴형에 어울리는 헤어스타일을 연출할 수 있다.
- 서비스인의 헤어스타일링 방법을 습득하고 연출할 수 있다.

Chapter 05 헤어 이미지

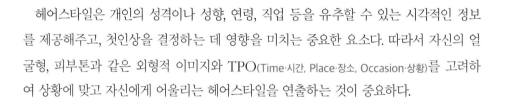

① 헤어스타일

헤어스타일은 개인의 성격이나 성향, 연령, 직업 등을 유추할 수 있는 시각적인 정보를 제공해주고, 첫인상을 결정하는 데 영향을 미치는 중요한 요소다. 따라서 자신의 얼굴형, 피부톤과 같은 외형적 이미지와 TPO(Time·시간, Place·장소, Occasion·상황)를 고려하여 상황에 맞고 자신에게 어울리는 헤어스타일을 연출하는 것이 중요하다.

① 모발관리

헤어스타일링을 위해서는 건강한 모발 상태를 유지해야 한다. 잦은 파마와 염색, 스타일링 제품 사용은 모발을 상하게 하는 주요 원인이다. 윤기 나고 탄력 있는 건강한 모발을 통해 자신에게 어울리는 헤어스타일을 연출하는 것은 자신의 이미지를 긍정적으로 향상할 수 있는 좋은 방법이다.

건강한 모발관리를 위해서는 본인의 머리카락과 두피 상태를 파악하고 그에 맞는 헤어제품을 선택하여 사용해야 한다. 건성, 지성, 손상 모발용 등으로 나뉜 전문 헤어제품 사용으로 건강한 모발 상태를 유지한다.

샴푸를 할 때 손톱으로 두피를 직접 문지르며 자극하는 것은 두피에 상처를 낼 수 있으므로 피해야 한다. 머리카락에 충분한 거품을 내어 사용하며 두피는 손가락 끝부분으로 부드럽게 마사지하여 세정한다. 샴푸를 하기 전 충분한 브러싱을 통해 머리카락에 남아 있는 먼지나 노폐물을 제거하고 두피의 혈액순환과 피지분비를 원활하게 해주는 것도 깨끗하고 건강한 세정에 도움을 준다.

샴푸를 한 후에는 머리카락의 큐티클 층을 보호하고 영양을 공급하기 위해서 린스나 트리트먼트를 사용하여 꾸준히 관리하는 것이 필요하다. 또한 젖은 상태로 머리카락과 두피를 오래 방치하면 세균번식으로 모발이 상할 수 있으므로 세정 후에는 완전히 건조하는 것도 잊지 말아야 한다.

② 헤어스타일링 제품

❶ 헤어 로션, 헤어 에센스

건조하거나 손상된 모발에 수분과 영양을 공급하고 정전기를 방지하기 위해 로션이나 에센스, 세럼 등을 이용하여 모발을 관리한다.

헤어 로션, 헤어 에센스 제품

©www.hanol.co.kr

❷ 헤어 스프레이

헤어스타일링 마무리 단계에서 일정 시간 흐트러짐이나 변형 없는 스타일링을 유지하기 위해 모발 고정력이 있는 헤어 스프레이를 사용한다. 헤어 스프레이는 고정력의 강도에 따라 선택할 수 있으며, 헤어 스프레이를 사용할 때는 완전히 건조한 모발에 10cm 이상의 거리를 두고 분사하여 사용한다.

헤어 스프레이 제품

©www.hanol.co.kr

❸ 왁스, 젤, 무스

잔머리 고정용이나 남성의 헤어스타일링에 많이 사용하는 제품으로, 손에 내용물을 적당량 덜어 모발에 발라서 스타일링한다. 끈적이는 제형의 강한 고정력을 가진 제품이며, 헤어 스프레이와 함께 사용하여 스타일링 지속 시간을 늘릴 수 있다.

왁스, 젤, 무스 제품

©www.hanol.co.kr

③ 얼굴형에 따른 헤어스타일 연출

헤어스타일은 개성에 따라 자유롭게 연출하여 자신을 돋보이게 할 수도 있지만, 본인의 얼굴형을 파악하여 불리한 점을 함께 보완한다면 자신의 이미지를 더욱 긍정적으로 향상시킬 수 있다.

❶ 둥근 얼굴형

계란형 얼굴에 비해 가로 면적이 넓어 보이는 얼굴형으로, 이마를 드러내고 윗머리에 볼륨을 넣어 세로 길이를 강조함으로써 얼굴이 갸름해 보이도록 하는 효과를 주는 것이 좋다. 가르마를 타서 옆머리로 얼굴 양쪽을 자연스럽게 가려주는 것도 둥근 얼굴형을 커버하는 좋은 방법이다. 뱅 스타일의 앞머리는 얼굴을 더욱 둥글게 보이게 하므로 피하고, 옆머리의 웨이브나 컬도 최소화하는 것이 좋다. 웨이브 헤어를 연출할 경우 턱선 아래쪽으로 컬을 넣는 것이 둥근 얼굴을 커버하는 데 효과적이다.

❷ 긴 얼굴형

얼굴이 위아래로 길어 보이는 얼굴형으로, 볼살이 없거나 턱선이 뾰족하면 더욱 길어 보일 수 있다. 얼굴의 세로 길이로 가는 시선을 분산시키기 위해 앞머리를 내어 이마를 가리는 것으로 긴 얼굴형을 커버할 수 있다. 또한 긴 생머리보다는 파마를 하여 시선을 가로로 분산시키거나, 단발머리와 같은 짧은 헤어스타일을 연출하는 것도 좋은 방법이다.

정수리의 볼륨은 낮추고 양 사이드의 볼륨을 주어 긴 얼굴형을 커버할 수 있고, 낮게 묶은 포니테일 헤어로 깔끔한 이미지를 연출할 수 있다.

©www.hanol.co.kr

❸ 사각 얼굴형

턱이 넓은 얼굴형으로, 남성적이고 강한 인상을 줄 수 있다. 따라서 딱딱한 느낌이 드는 헤어스타일보다는 웨이브가 있는 헤어스타일을 연출하는 것이 좋다. 단발머리의 경우는 헤어 끝이 턱선에 위치하면 각진 턱을 더욱 부각시키게 되므로 여성은 헤어 길이가 턱선 아래로 내려오도록 하고, 남성은 뒷목선을 덮도록 하는 것이 좋다. 정수리에 볼륨을 주고 부드러운 브라운 톤의 헤어 컬러로 강한 인상을 커버할 수 있으며, 양 이마의 끝을 감싸는 풍성한 스타일로 부드러운 이미지를 연출할 수 있다.

©www.hanol.co.kr

❹ 역삼각 얼굴형

이마가 넓고 턱이 뾰족한 얼굴형으로, 예민해 보이는 인상을 줄 수 있다. 넓은 이마를 커버하기 위해 앞머리를 내려주거나 턱선 길이의 헤어에 볼륨을 주어 날카로운 이미지

를 보완하는 것이 좋다. 귀를 가리는 스타일이나 정수리 부분을 부풀려 놓은 짧은 커트 헤어는 뾰족한 얼굴형을 더욱 강조하기 때문에 피하는 것이 좋다. 중간 길이의 웨이브, 풍성한 뱅 스타일은 브이라인의 장점을 부각할 수 있는 좋은 연출법이다.

©www.hanol.co.kr

❺ 마름모 얼굴형

턱선이 뾰족하고 광대뼈가 두드러진 강한 인상의 얼굴형으로, 차갑고 예민한 느낌을 줄 수 있다. 광대 부위를 가릴 수 있도록 레이어드 컷을 이용한다거나, 광대뼈에서 턱선으로 이어지는 부분에 볼륨을 주는 방법, 부드러운 인상을 줄 수 있도록 웨이브를 주어 헤어스타일을 연출하는 것으로 마름모 얼굴형의 단점을 커버할 수 있다. 일자형 앞머리로 이마를 가려 관자놀이 부위가 강조되는 스타일은 마름모형 얼굴이 그대로 노출되므로 피해야 하며, 비대칭 가르마를 타거나 모발의 끝선을 부드러운 웨이브 형태로 스타일링하는 것이 좋다.

©www.hanol.co.kr

② 서비스인의 헤어 연출

헤어스타일은 전체적인 이미지에 많은 영향을 미치는 만큼 서비스인은 서비스종사자다운 헤어 연출이 필요하다. 머리 손질은 항상 청결하고 단정해야 하며, 이는 일의 능률과도 관련이 있으므로 업무 특성에 맞는 헤어스타일을 유지하는 것이 중요하다. 깔끔한 헤어 연출은 시각적으로 좋은 이미지를 위해 중요하기도 하나, 식음료를 다루거나 고객과 직접 대면하는 서비스인의 경우는 위생상의 이유나 전문성을 더 잘 드러내기 위해서도 필요하다.

❶ 유니폼을 입는 직업의 경우

유니폼에 어울리는 깔끔하고 통일된 이미지의 헤어를 연출해야 한다. 화려한 머리장식이나 과도한 염색은 피하고, 이마를 드러내는 스타일링으로 밝은 표정을 극대화하는 것이 좋다.

❷ 여성 단발머리의 경우

어깨선을 넘지 않는 길이로 바깥쪽으로 뻗치지 않도록 단정하게 연출한다. 서비스를 위해 고개를 숙일 경우, 머리카락이 앞쪽으로 흘러내려 시야를 방해하거나 고객과의 아이콘택트에 불편함을 초래하는 일이 없도록 실핀이나 헤어밴드를 이용하여 헤어를 고정하는 것이 좋다.

❸ 여성 긴 머리의 경우

한 가닥으로 묶어서 단정하고 활동하기 편하도록 연출한다. 하나로 묶은 헤어는 길게 늘어뜨린 포니테일(ponytail)과 동그랗게 말아서 머리에 고정하는 번 헤어(bun hair) 형태로 연출할 수 있다. 흘러내리는 머리나 잔머리가 없도록 헤어스타일링 제품을 이용하여 고정함으로써 깔끔한 이미지를 연출한다.

❹ 남성의 경우

앞머리는 이마를 드러내도록 하고 옆머리는 귀를 덮지 않도록 하며, 뒷머리는 셔츠에 닿지 않는 길이로 스타일링한다. 머리카락이 흩날리지 않도록 하여 깔끔한 인상을 주고, 이마를 드러내는 것이 자신감과 밝은 표정을 더 잘 드러나게 하므로, 헤어스타일링 제품을 이용하여 헤어스타일을 고정하는 포마드(pommade) 스타일로 연출한다. 긴 머리나 단발머리, 유행에 민감한 헤어스타일은 삼가도록 한다.

❶ 여성 헤어 연출

☀ 헤어 연출에 필요한 준비물

헤어스프레이, 왁스, 젤, 검정색 고무줄, 미세망, 꼬리빗, 실핀, U자핀

©www.hanol.co.kr

Step ❶

헤어 볼륨을 살리기 위한 앞머리는 따로 남겨두고, 나머지 머리는 빗질을 하여 한 가닥으로 묶는다.

Step ❷

남겨놓았던 앞머리의 모양을 잡
아 볼륨을 살리고, 헤어스프레이
를 이용하여 고정한다.

Step ❸

헤어스프레이로 잔머리를 정리하
고 묶은 머리를 빗질로 정리하여
깔끔한 포니테일 헤어를 완성한
다.

Step ❹

미세망을 이용하여 포니테일 헤
어를 잘 감싸준다.

Step ❺

손으로 머리를 고정해가면서 동그랗게 번 모양을 만들어준다.

Step ❻

번 모양이 만들어지면 번의 상하 좌우에 U자 핀을 이용하여 단단히 고정하고, 헤어스프레이를 이용하여 깔끔하게 연출한다. 헤어라인 섀도를 사용하여 헤어라인을 정리하면 더욱 깔끔한 인상을 줄 수 있다.

Step ❼

완성

② 남성 헤어 연출

Step ❶

헤어드라이기를 사용하여 머리 모양을 잡으면서 머리를 말린다.

Step ❷

가르마의 방향을 정하고 헤어드라이기를 이용하여 머리의 형태
와 볼륨을 살린다.

Step ❸

헤어스타일링 제품을 사용하여
머리의 형태를 고정하고 깔끔하
게 연출한다.

Step ❹
완성

Chapter 06
메이크업 이미지

학습목표

- 메이크업의 의미와 중요성을 이해할 수 있다.
- 메이크업의 기본적인 기능을 확인할 수 있다.
- 기본적인 메이크업 도구 및 제품을 이해할 수 있다.
- 호감 가는 서비스 인상을 연출하는 메이크업 기법을 알 수 있다.

Chapter
06
메이크업 이미지

① 메이크업

① 메이크업의 중요성

메이크업은 다양한 화장품과 도구를 사용하여 장점을 한층 돋보이게 하고 결점을 보완함으로써 자신을 적극적으로 표현하는 것에 중요한 의미를 두고 있다. 메이크업은 개성을 표출하고 원하는 이미지와 목적에 맞게 변화하는 수단으로 활용되며, 자신감과 만족감 형성에 도움을 준다. 또한 타인에게 좋은 이미지를 전달하여 원만한 사회생활과 대인관계까지 향상해주는 역할을 한다. 특히 서비스 관  련 기업과 고객 접점의 여러 분야에서 대면 서비스를 제공하는 종사원의 경우 메이크업을 통한 긍정적 이미지 연출이 매우 중요하다.

편안한 호감형 메이크업을 연출하면 고객과의 관계 형성에 긍정적 영향을 미치고 심리적으로 좋은 인상을 만들 수 있다. 더불어 자신의 이미지를 아름답게 표현하는 행동이 업무수행 능력에 더해져 첫인상을 형성하는 데 플러스 요인으로 작용할 수 있다. 자

신에 대해 잘 알고 장점을 활용하여 자신을 돋보이게 할 수 있는 메이크업 연출 방법을 익히는 노력이 필요하다.

② 메이크업의 기능

메이크업의 기능은 미적 기능, 보호적 기능, 사회적 기능, 심리적 기능으로 나눌 수 있다.

- 미적 기능: 메이크업을 통해 자신의 신체 및 얼굴이 아름다워 보이도록 변화하는 것으로 장점을 강조하고 단점을 보완하여 아름다움을 추구하는 기능이다.
- 보호적 기능: 메이크업은 외부의 유해 물질이나 온도, 자외선, 공기, 먼지 등의 변화로부터 피부를 보호하는 기능을 한다.
- 사회적 기능: 사회의 예의, 관습, 신분, 직업, 직위를 나타내는 것으로 대인관계에서 자신을 표현하는 기능이다.
- 심리적 기능: 메이크업을 통해 외모에 자신감을 부여함으로써 개인의 개성이나 성격, 가치 추구 방향, 사고방식 등을 표현할 수 있고, 얼굴의 상처나 흉터를 커버함으로써 심리적으로 능동적이고 적극적인 자신감이 생기는 기능이다.

② 메이크업 방법

① 호감 가는 서비스 인상 만드는 여성 메이크업

클렌징 → 기초제품 사용 → 베이스 메이크업 → 포인트 메이크업

©www.hanol.co.kr

1) 1단계: 클렌징하기

· 피부 유형별 제품을 선택하여 클렌징한다.

클렌징 유형	피부 유형별 클렌징 방법
딥 클렌저	· 오래된 각질과 피부 노폐물 제거에 적합
클렌징 로션	· 수분이 함유되어 있어 묽은 스타일로 지성과 복합성 피부에 적합
클렌징 워터	· 내추럴한 메이크업 제거에 적합
클렌징 오일	· 진한 메이크업 시 사용 가능 · 블랙헤드 제거와 메이크업 잔여물 및 노폐물 제거에 사용

클렌징 유형	피부 유형별 클렌징 방법
클렌징 크림	• 진한 화장에 사용 • 유분이 많은 편으로 건성피부와 겨울철에 사용하기에 적합
폼클렌저	• 풍부한 거품으로 노폐물과 잔여 메이크업 제거 시 사용
클렌징 젤	• 건성과 지성피부에 사용 • 세정과 보습 효과
파우더 워시	• 물에 녹여 거품을 내 사용하는 가루 형태로 주로 각질 관리에 효과적
립&아이 리무버	• 지우기 힘든 색조 메이크업에 사용

> **TIP!** 내 피부에 맞는 클렌징 타입 추천
>
> - 건성피부: 보습력이 있는 클렌징 로션이나 크림, 오일 제품을 선택하여 세안한다.
> - 중성피부: 메이크업 정도에 따라 로션, 젤, 워터 타입을 선택하여 얼굴을 부드럽게 마사지 하듯 세안한다.
> - 지성피부: 가볍고 수분감 있는 워터, 로션의 오일프리 타입을 선택하여 이마, 턱, 코 부분 의 피지 분비선을 중심으로 세안한다.
> - 복합성피부: T존(이마, 코, 인중)은 지성 타입의 워터 제품, U존(볼과 턱 부분)은 건성 타입의 클 렌징 오일 제품을 선택하여 세안한다.

2) 2단계: 기초제품 사용하기

- 피부 타입과 상태에 따라 기초제품을 선택하여 토너 → 아이크림 → 유액(세럼, 에센 스, 로션) → 크림(수분크림 및 영양크림) → 자외선 차단제 등의 순서로 기초를 탄탄히 하는 단계

기초제품	피부 타입과 상태에 따른 기초제품 역할
토너	• 세안 후 제거되지 않은 잔여물과 노폐물을 한 번 더 닦아주는 역할 • 피부를 진정시키고 모공을 수축시켜 탄력을 줌
아이크림	• 주름 제거

기초제품	피부 타입과 상태에 따른 기초제품 역할
에센스	• 농도의 차이에 따라 에센스(피부 전반), 세럼(미백, 잡티 관리), 앰플(주름개선)로 나뉨 • 영양 공급과 보습에 효과적
로션	• 피부에 영양과 수분 공급
크림	• 외부의 오염으로부터 피부를 보호(수분크림은 여름에, 보습크림은 겨울에 사용하는 것이 일반적)
자외선 차단제	• 자외선 방지

TIP! 올바른 스킨케어 방법

- 기본적으로 제형이 묽은 제품의 화장품에서 농도 짙은 제품의 순으로 바른다.
- 에센스나 아이크림은 제품에 따라 로션을 사용하기 전이나 후에 사용할 수 있다.
- 자외선 차단제는 스킨케어 단계에서 꼭 사용해야 피부 노화를 막을 수 있다.

❶ 내 피부에 맞는 기초제품 타입 추천

- 건성피부: 유분과 수분의 함량이 많은 제품을 사용하여 보습을 유지하는 것이 좋다.
- 지성피부: 유분 없이 보습의 기능을 하는 로션과 수분크림을 사용하는 것이 좋다.
- 복합성피부: 양 볼이 건조한 경우 유분이 많은 보습 제품을 선택하며, T존은 산뜻한 토너와 수분크림을 사용하고 턱은 여드름 전용 제품을 사용하는 등 부위별로 케어하는 것이 좋다.

❷ 메이크업 도구 종류와 특징

메이크업 도구	특징
아이래시 컬러	• 속눈썹 컬링 연출 • 자신의 눈 사이즈와 굴곡의 각도를 고려하여 사용
스펀지	• 스킨케어 제품과 메이크업베이스, 파운데이션까지 바를 때 사용 • 잘린 면의 각도, 소재 등을 고려하여 사용
파우더 퍼프	• 얼굴의 유분을 제거할 때 사용 • 피부에 화장을 밀착할 때 사용
파운데이션 브러시	• 메이크업베이스과 리퀴드 파운데이션을 바를 때 사용

메이크업 도구	특징
셰이딩 브러시	• 입체감 있고 작은 얼굴 표현에 사용
하이라이트 브러시	• 이마, 콧날, 관자놀이, 눈 밑에 하이라이트를 줄 때 사용
립 컬러 브러시	• 립 라인을 정확하게 그려주며, 립 컬러를 입술 전체에 고르게 바를 때 사용
아이라이너 브러시	• 젤 타입 아이라이너를 바를 때 사용
포인트 아이섀도 브러시	• 섬세한 포인트 컬러를 바를 때 사용
아이섀도 브러시	• 베이스 컬러를 바를 때 사용

메이크업 도구	특징
아이브로 브러시	• 아이브로용 아이섀도를 이용해 눈썹을 그릴 때 사용
아이브로 그루밍 브러시	• 눈썹을 그리기 전에 눈썹을 정돈하기 위해 사용

> **TIP!** 메이크업 도구 관리
>
> • 아이래시 컬러는 일주일에 한 번은 세척하고 6개월이 지나면 고무를 교체해서 사용한다.
> • 스펀지와 파우더 퍼프는 주 1회 비누 또는 폼클렌저를 이용하여 세척한 후 사용한다.
> • 브러시는 브러시 전용 세척제를 활용하여 세척한 후 사용한다.

3) 3단계: 베이스 메이크업하기

프라이머, 메이크업베이스 → 파운데이션, 컨실러 → 파우더 순으로 피부표현을 하는
단계

- 세안 후 화장용 솜을 이용하여 토너로 피부결을 정리하고,
  얼굴 전체를 나누어 각 기초제품 소량을 얼굴 안쪽에서부
  터 바깥쪽을 향해 펴 바른다.

- 프라이머나 자신의 피부톤에 맞는 메이크업베이스를 선택
  하여 스펀지를 이용해 얼굴 안쪽에서 바깥쪽으로 피부결
  을 따라 피부톤에 맞는 색상을 사용한다.

- 자신의 피부색과 상태에 맞는 파운데이션 제품을 선택하
  여 스펀지 또는 파운데이션 브러시를 사용하여 이마, 양
  볼, 턱, 코 부위로 나누어 얼굴 안쪽에서 바깥쪽으로 얇게
  펴 바른다.

- 얼굴 전체적으로 유분기가 많은 곳에 파우더를 바른다.

❶ 프라이머

모공과 주름, 여드름 등을 메워 정돈해주는 기능으로 소량을 이용해서 코, 입가 주변에 발라 사용한다.

❷ 메이크업베이스

피부결과 톤을 보정해주고 파운데이션으로부터 피부를 보호해주는 역할을 한다.

메이크업베이스 종류	사용 TIP
녹색 베이스	• 일반적으로 사용 • 피부가 붉거나 여드름, 잡티가 많은 피부에 적합
핑크 베이스	• 혈색이 없거나 창백한 피부를 보완 • 민감한 피부에 연출 가능
보라 베이스	• 노란색을 띤 피부에 적합
흰색 베이스	• 어둡고 검은 피부에 사용하면 밝고 투명한 피부 연출

메이크업베이스 종류	사용 TIP
베이지 베이스	• 자연스러운 피부표현에 적합하며, 피부가 거칠고 무석할 때 사용

❸ 파운데이션

피부의 잡티와 결점을 감추고 피부톤을 자연스럽게 보정한다. 보정과 얼굴의 윤곽을 명암으로 조절하여 부드럽게 표현해준다.

파운데이션 종류	사용 TIP
리퀴드 타입	• 수분 함량이 많아 가볍게 발리는 것이 특징 • 건성 피부에 적합
크림 타입	• 유분이 많이 함유 • 커버력과 지속력이 뛰어남 • 건성피부와 잡티가 많은 피부에 사용하기 적합
스틱 타입	• 얼굴 전체 또는 부분적인 커버에 사용 • 커버력과 발림성이 좋음 • 여드름 피부나 피부 트러블 시 사용에 적합
쿠션 타입	• 수분 함량이 높아 촉촉한 피부표현 가능 • 건성피부와 복합성피부에 적합

❹ 컨실러

잡티나 홍조, 잔주름 등 피부의 결점 부위를 가려 깨끗한 피부 연출 시 사용하며, 피부색보다 조금 밝은 색을 사용하는 것이 효과적이다.

> **TIP!** 컨실러 종류
>
> - 스틱 타입: 아주 작은 부위의 잡티 커버에 사용, 커버력이 좋지만 뭉치기 쉽다.
> - 펜슬 타입: 사용하기 편리하며, 국소 부위에 사용하면 좋다.
> - 크림 타입: 넓게 퍼져 있는 잡티에 사용, 볼이나 이마에 바르면 좋다.
> - 리퀴드 타입: 촉촉하고 가벼우며, 다크서클 커버와 입체감 있는 얼굴표현 용도로 사용하면 좋다.

❺ 파우더

얼굴의 유분기를 잡아 메이크업을 오래 지속시키는 역할을 한다.

파우더 종류	사용 TIP
가루 파우더	• 얇게 발림 • 건성피부에 유용
프레스트 파우더	• 휴대하기 편리함 • 커버력이 좋음 • 지성피부에 적합

4) 4단계: 포인트 메이크업하기

아이브로 → 아이새도, 아이라이너 → 마스카라 → 블러셔 → 립 → 셰이딩 → 하이라이터 순으로 전체적인 인상을 좌우하는 단계이다.

- 눈썹이 난 방향으로 눈썹꼬리 부분에서 시작하여 눈썹 앞머리 쪽으로 자연스럽게 그려준다. 특히 눈썹 3분의 2에 해당하는 지점을 높게 하여 눈썹꼬리 쪽으로 내려 그려준다.

- 베이스 컬러를 눈두덩이 전체에 바른다.

- 한 톤 진한 컬러를 이용하여 쌍꺼풀 라인과 눈꼬리 삼각존 언더를 채워준다.

- 눈썹 뼈 부위에 흰색이나 아이보리의 밝은 색을 선택하여 바른다.

- 속눈썹이 난 부분부터 일정한 라인의 굵기로 번지지 않게 그린다.

- 아이래시 컬러를 사용하여 눈썹을 자연스럽게 컬링한다.

- 마스카라를 위 속눈썹(지그재그 방향으로 컬링), 아래 속눈썹(브러시를 세로로 세워 살짝 바름)에 발라준다.

- 검정 눈동자 아랫부분과 코 끝부분을 수평으로 연결하여 볼의 중심에서 바깥으로 원을 그리며 블러셔를 바른다.

- 아이섀도 컬러와 조화를 이루어 립 컬러와 립글로스를 발라준다.

• 파운데이션보다 1~2톤 어두운 셰이딩 제품을 선택하여 이마 경계선, 코, 턱선, 목 부분에 사용한다.

• 하이라이터는 피부톤보다 1~2톤 밝은 색을 이마, 두 뺨, 콧등, 턱 끝부분에 사용한다.

❶ 아이브로

눈썹의 모양을 조정하고 눈매를 강조하기 때문에 자신의 헤어컬러와 비슷한 톤으로 연출하는 것이 좋다.

🚨 얼굴형에 따른 아이브로 연출

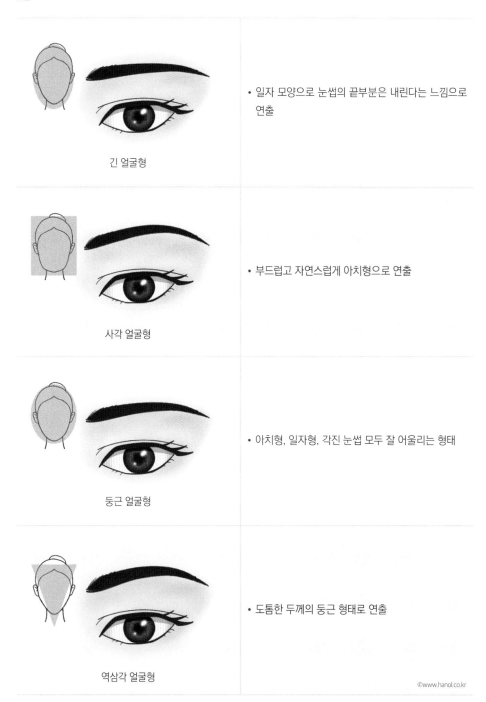

긴 얼굴형	• 일자 모양으로 눈썹의 끝부분은 내린다는 느낌으로 연출
사각 얼굴형	• 부드럽고 자연스럽게 아치형으로 연출
둥근 얼굴형	• 아치형, 일자형, 각진 눈썹 모두 잘 어울리는 형태
역삼각 얼굴형	• 도톰한 두께의 둥근 형태로 연출

©www.hanol.co.kr

❷ 아이섀도

눈 주변의 유분을 제거하여 눈매를 뚜렷하게 하고 입체감을 주는 역할을 한다. 밝은 색상에서 어두운 색상 순으로 바른다.

🚨 아이섀도 연출

- 베이스 컬러　전체적인 이미지에 맞는 색상을 선택하여 아이홀 전체에 펴 바른다.
- 포인트 컬러　짙은 계열의 색상을 선택하여 쌍꺼풀 라인을 중심으로 바른다.
- 하이라이트 컬러　밝은 색(흰색, 아이보리)을 선택해 눈썹 뼈 부위에 바른다.
- 언더 컬러　포인트 컬러로 사용한 색상을 아이라인과 연결되는 눈꼬리의 삼각존에 바른다.

🚨 아이섀도 색상 선택

- 쿨톤　핑크색, 와인색, 코랄 등을 활용한다.
- 웜톤　브라운 계열의 색상을 활용한다.

❸ 아이라이너

또렷하고 선명한 눈 모양 표현, 눈꼬리의 모양을 수정하는 역할을 한다.

타 입	역할 및 사용 TIP
리퀴드 타입	• 선명하고 섬세한 표현 가능 • 부어 보이는 눈, 쌍꺼풀 없는 눈은 피하는 것이 좋음
젤 타입	• 또렷한 라인 연출 • 쉽게 정교한 아이라인 표현

타 입	역할 및 사용 TIP
펜슬 타입	• 진한 발색

❹ 마스카라

속눈썹이 길고 풍부하게 보이는 효과가 있으며, 눈매를 강조하고 음영을 준다.

타 입	역할 및 사용 TIP
컬링 타입	• 속눈썹이 잘 올라가고 장시간 지속 가능
볼륨 타입	• 속눈썹이 풍부해 보임
롱래시 타입	• 속눈썹이 길고 숱이 많아 보이는 효과
워터프르푸	• 건조가 빠르고 내수성이 좋음

❺ 블러셔

얼굴에 입체감을 주고 볼 부위를 밝고 건강하게 보이도록 한다.

🔔 얼굴형에 따른 블러셔 방향

• 긴 얼굴형 볼 바깥에서 안쪽으로 원을 그리듯이 효과를 준다.
• 사각 얼굴형 광대뼈 아랫부분에 둥근 느낌이 나도록 하고, 턱선과 이마의 양쪽 부분은 약간 짙은 색상으로 효과를 준다.
• 둥근 얼굴형 광대뼈 윗부분에서 입꼬리 끝부분 사이를 사선으로 효과를 준다.
• 역삼각 얼굴형 광대뼈 윗부분에서 효과를 준다.

❻ 립스틱

자외선으로부터 입술을 보호하고 입술에 색채를 주어 전체적인 분위기를 상승시키고 건강하게 표현한다.

☀ 립 메이크업 순서

· 윗입술 윗입술 중앙에서 시작하여 좌우 입술선을 그린 후 입술 양 끝부분까지 그려준다.
· 아랫입술 중앙부터 시작하여 입술 양 끝부분까지 그린다.
· 입꼬리 입술을 벌려 윗입술과 아랫입술 부위를 연결해준다.

❼ 셰이딩

입체적인 얼굴을 만드는 데 사용한다. 자신의 피부톤보다 1~2톤 어두운 컬러를 사용한다.

제 형	역할 및 사용 TIP
파우더	· 쉽고 자연스럽게 연출 가능 · 지성, 건성, 복합성 모두 사용 가능
리퀴드	· 스펀지나 브러시를 이용해 사용 · 피부톤보다 1~2톤 어두운 제품 사용
크림	· 촉촉한 메이크업 또는 윤광을 살려줄 때 사용 가능 · 건성 피부 사용에 적합

☀ 얼굴 셰이딩 방법

· 긴 얼굴형 이마와 턱 부분을 중심으로 바른다.
· 사각 얼굴형 턱선을 사선형으로 셰이딩하여 갸름해 보이도록 한다.
· 둥근 얼굴형 얼굴선 전체에서 턱과 목선을 연결하여 바른다.

❽ 하이라이터

환하고 윤기 나는 얼굴을 만들어준다. 피부톤보다 1~2톤 밝은 제품을 사용한다.

타 입	역할 및 사용 TIP
리퀴드 타입	• 파운데이션을 바르기 전에 발라주어 자연스럽게 표현 가능 • 특히 건성 피부에 사용하기 적합
파우더 타입	• 가장 무난하게 사용할 수 있음 • 지성 피부에 사용하기 적합
크림 타입	• 자연스럽게 피부에 밀착

❷ 호감 가는 서비스 인상 만드는 남성 메이크업

깔끔한 피부톤을 보정하는 메이크업은 남성의 매력과 전체적인 조화를 이루어 상대방에게 긍정적인 호감을 준다. 특히 서비스 접점에서 호감 가는 서비스인의 인상은 고객이 느끼는 서비스 품질을 결정하고, 그 결정에 따라 고객의 만족과 행동 의도를 달라지게 만든 다. 고객에게 더욱 긍정적인 이미지를 각인시키기 위해 서비스 제공자의 인상의 장점을 부각하고 단점을 보완하는 노력이 필요하다.

©www.hanol.co.kr

❶ 1단계: 기초제품 사용하기

남성 역시 세안 후 피부 상태에 따라 기초화장품을 선택하여 토너 → 아이크림 → 에센스 → 보습제(수분크림, 영양크림) → 자외선 차단제 순으로 기초를 탄탄히 하는 단계

• 토너 사용 시 화장용 솜을 이용하여 살살 닦아낸다.

• 손바닥에 적당한 양을 덜고 얼굴 전체에 나누어 찍어 피부 결의 방향 안쪽에서 바깥쪽으로 발라 흡수시켜준다.

TIP! 남성 피부의 특징 및 관리

• 남성은 여성보다 피부의 콜라겐 함량이 높아 노화가 늦지만, 한번 생긴 주름은 깊게 생긴다.

• 피부 안쪽 두꺼운 진피층으로 인해 여성보다 피부가 두껍다.

• 여성과 비교해 모공이 크고 피지의 분비량이 많다.

• 일반적으로 약간 거칠고 검다.

• 여성과 비교해 수분 함유량이 적다.

• 남성 호르몬으로 인해 수염을 깎거나 손질하기 위해 면도를 해야 한다.

• 모공과 피지 관리를 위해 토너, 로션, 크림과 같은 기초케어를 꼼꼼히 한다. 특히 최소 일주일에 한 번 꾸준히 마스크팩을 하는 습관을 갖는다.

• 인스턴트 음식을 조절하고 일주일에 한 번 필링하여 피부 트러블을 방지한다.

• 보습효과가 있는 수분크림, 미스트 등을 사용하여 피부의 수분 손실을 막는다.

• SPF30 이상의 자외선 차단제를 필수적으로 사용함으로써 자외선에 노출되어 생길 수 있는 잔주름과 잡티를 예방한다.

• 면도로 인해 피부가 손상되지 않도록 털이 많은 부위는 보습제를 충분히 발라 관리해준다.

❷ 2단계: 베이스 메이크업하기

BB크림 또는 톤업 크림 → 아이브로 순으로 깔끔하고 뚜렷한 인상을 만드는 단계

- 본인의 피부톤보다 한 톤 밝은 BB크림 또는 톤업 크림을 준비한 후 스펀지 또는 브러시를 이용하여 새끼손톱 정도의 양을 얼굴 전체에 나누어 얼굴 안쪽에서부터 바깥쪽으로 얇게 펴 바른다. 이때 얼굴과 목 부분에 경계가 생기지 않도록 목 부위까지 꼼꼼히 발라준다.

- 눈썹 가위를 이용하여 긴 눈썹을 잘라준다. 눈썹산이 뾰족한 남성의 경우 칼을 이용하여 뾰족한 부분을 살짝 정리해준다.

- 눈썹을 다듬은 후 아이브로 펜슬로 눈썹 끝부분을 채워준다.

생각해보기

자신의 얼굴형이 어떤 유형인지 살펴보고, 그에 적합한 호감 가는 메이크업 방법을 정리
해보자.

Chapter 07
컬러 이미지

학습목표

- 다양한 컬러가 지닌 고유의 연상 이미지를 알 수 있다.
- 퍼스널컬러에 대해 이해하고 진단을 통해 본인의 퍼스널컬러를 파악할 수 있다.
- 사계절별 컬러 이미지메이킹의 방법을 습득하고 이를 적용할 수 있다.

Chapter
07
컬러 이미지

① 컬러 이미지

    색(color)은 상징과 연상 등의 다양한 메시지를 시각적으로 전달하는 매체로서 이미지의 중요한 요소이다. 메이크업을 하거나 옷과 액세서리를 선택할 때, 헤어컬러를 선택할 때도 색을 선택하는 것처럼 색은 우리가 일상에서 반복적으로 선택하는 요소이다.

    색을 선택할 때는 단순히 끌리는 색상을 선택하는 경우도 있지만 추구하는 이미지를 위해서, 주목을 받기 위해서 선택하기도 한다. 즉, 사용자의 기호나 개성, 유행 등에 따라 색을 선택하기도 하고 본인을 더욱 돋보이게 하기 위한 수단으로 색을 선택하기도 한다.

    각각의 색은 고유한 연상 이미지를 가지고 있고 특성과 상징성은 우리에게 무의식적으로 전달된다. 색의 혼합이나 배색에 따라 다양한 이미지 연출이 가능하고 색을 통해 본인의 개성을 표현할 수 있으므로, 개인에게 어울리는 색을 찾고 활용함으로써 더욱 긍정적이고 멋진 이미지를 연출할 수 있다.

컬러	이미지
레드	• 정열, 열정, 생동감 • 자신감을 강하게 전달하고자 할 때 효과적 • 강한 이미지 표현 • 지나친 사용으로 공격적인 이미지를 주지 않도록 주의 • 활동성과 기능성을 강조한 의복에 많이 사용

오렌지	• 밝음, 활발함, 경쾌함, 활력 • 밝고 귀여운 이미지 연출에 효과적 • 감성을 표현하고 식욕을 돋우는 색 • 브라운과 함께 사용하면 따뜻한 이미지, 블랙과 함께 사용하면 모던한 이미지 연출 • 주목성이 높은 색으로 스포츠 웨어, 캐주얼 웨어에 주로 사용
옐로	• 젊음, 생기, 명랑함 • 밝고 생기 넘치는 이미지 연출에 효과적 • 가장 명시성이 높은 색으로, 경계색으로 주로 사용 • 블랙과 매치하여 가시성을 높임 • 주목성이 높은 색으로, 아웃도어 웨어에 많이 사용
그린	• 안정감, 편안함, 휴식 • 편안하고 여유로운 이미지 연출에 효과적 • 안전과 보호를 상징하는 색 • 자연을 상징하는 대표적인 색 • 베이지와 연출하면 편안한 이미지, 옐로와 연출하면 상큼한 이미지
블루	• 신뢰, 믿음, 단정함 • 도시적이고 현대적인 이미지 연출에 효과적 • 신뢰감을 주고 단정함을 표현하고자 할 때 주로 활용 • 화이트와 연출하면 시원한 느낌, 어두운 색과 연출하면 차분한 느낌 • 비즈니스 룩에 많이 사용
퍼플	• 우아함, 신비스러움, 고급스러움 • 우아하고 성숙한 이미지 연출에 효과적 • 독창적이고 진취적인 느낌 • 보색인 옐로와 연출하면 화려하고 강한 느낌 • 파티 메이크업에 자주 활용됨
화이트	• 깨끗함, 순수함, 고귀함 • 순백의 화이트는 이지적이고 냉철한 이미지 • 아이보리 계열의 화이트는 부드러운 이미지 • 레드나 블루 등의 원색과 연출하면 선명하고 밝은 느낌 • 지적인 이미지를 위한 화이트 셔츠, 맑고 순수한 이미지를 위한 의복에 활용
블랙	• 세련미, 시크함, 차분함 • 모던하고 세련된 이미지 연출에 효과적 • 답답하고 무거운 인상을 줄 수 있으므로 적절히 사용 • 가장 무난한 컬러로 인식되어 계절이나 의상에 상관없이 자주 사용 • 축소되어 보이는 효과가 있으므로 체형 보완을 위한 의상 연출에 활용

② 퍼스널컬러

① 퍼스널컬러의 이해

첫인상에서 시각적인 요소가 대부분의 이미지를 형성한다. 그중에서도 본인에게 어울리는 컬러 연출은 이미지를 더욱 향상시키는 역할을 한다. 퍼스널컬러란, 피부색과 눈동자색, 머리카락색 등의 개인의 신체 고유의 색상과 조화를 이루어 자신을
더욱 돋보이게 하는 컬러를 말한다. 사람마다 가지고 있는 고유의 신체색이 다르므로 개개인에게 어울리는 컬러와 어울리지 않는 컬러가 존재한다.

어울리는 컬러를 메이크업이나 헤어스타일링, 의상 등에 적용하면 밝고 생기 있고, 선명하며 또렷한 이미지를 줄 수 있다. 어울리지 않는 컬러를 사용하면 얼굴에 그늘이 강조되고 기미나 주름 등이 더욱 도드라져 나이가 들어 보이고 우울한 인상을 주게 된다. 본인에게 어울리는 컬러를 찾고, 이것을 헤어, 메이크업, 의상 등에 활용하여 개인을 더욱 돋보이게 하고 상대방에게 좋은 느낌을 주는 것이 퍼스널컬러의 긍정적인 활용이다.

퍼스널컬러는 다양한 시각적 이미지의 연출과 적용을 가능하게 해준다. 본인에게 어울리는 컬러와 어울리지 않는 컬러를 인식하고 있으면 의상, 메이크업, 헤어컬러, 액세서리를 선택할 때 자신의 개성을 살리면서도 긍정적인 이미지를 표현하는 것이 더욱 수월해진다.

컬러를 다양하게 사용할 수 있다는 것은 단순히 유행만을 따르는 것이 아닌, 자신만의 개성과 스타일을 효과적으로 표현함으로써 본인의 개성과 감각을 돋보이게 하여 매력적인 사람으로 인식될 수 있다는 것을 의미한다. 개인이 가진 고유의 컬러를 긍정적으로 강조하고 조화를 이룰 수 있는 이상적인 퍼스널컬러를 찾는 것은 이미지 경쟁력을 높일 수 있는 효과적인 방법이다. 이상적인 퍼스널컬러를 메이크업, 헤어 연출, 패션 스타일링에 적용함으로써 이미지가 아름답게 변화하면 자신감 상승, 대인관계 능력 향상 등의 심리적·정서적인 면에도 긍정적인 영향을 미칠 수 있다.

② 퍼스널컬러 진단

사계절에서 나타나는 자연의 컬러를 기준으로 퍼스널컬러를 진단하고 유형을 구분하여 각 유형에 어울리는 색채를 제안하는 체계를 퍼스널컬러 진단 시스템이라고 한다. 개인이 가지고 있는 고유한 컬러를 명확하게 알아야만 개인에게 긍정적으로 적용 가능한 퍼스널컬러를 찾을 수 있다.

개인의 신체색은 진단을 통해 봄, 여름, 가을, 겨울의 사계절 컬러로 구분할 수 있고, 크게는 웜톤(warm tone)과 쿨톤(cool tone)으로 나눌 수 있다. 자연에서 노란빛을 베이스로 하는 봄과 가을은 웜톤으로, 파란빛과 회색빛을 베이스로 하는 여름과 겨울은 쿨톤으로 분류한다.

퍼스널컬러는 개인이 가지고 있는 고유한 신체색으로 진단하는데, 피부색과 눈동자색, 머리카락색이 대표적이다. 이것은 외부 환경이나 건강상태, 시간의 흐름 등에 따라 변화할 수 있고, 메이크업이나 컬러렌즈, 헤어컬러 염색을 통해 다른 톤으로 변화를 줄수도 있기 때문에 진단 과정에서 이러한 부분을 유념하여 진단해야 한다.

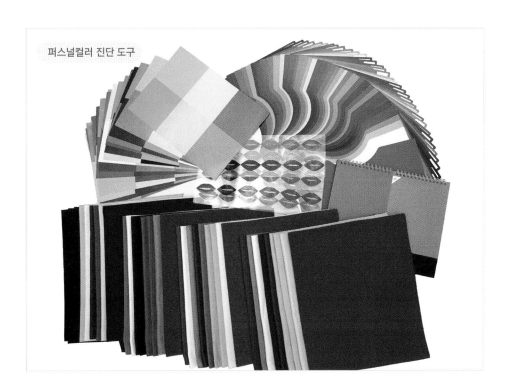

퍼스널컬러 진단 도구

⏰ 학습활동 1 – 체크리스트를 통한 퍼스널컬러 진단

📢 퍼스널컬러 자가진단 체크항목

A	B
햇볕에 있으면 피부가 쉽게 탄다.	햇볕에 있으면 피부가 빨갛게 익는다.
헤어와 눈동자 색이 갈색에 가깝다.	헤어와 눈동자 색이 검정이나 짙은 갈색에 가깝다.
피부톤에 노란 기가 많다.	피부톤에 붉은 기가 많다.
금색 액세서리가 잘 어울린다.	은색 액세서리가 잘 어울린다.
아이보리 색상이 잘 어울린다.	순백의 화이트 색상이 잘 어울린다.
오렌지, 코럴 색상의 립스틱이 잘 어울린다.	핑크 색상의 립스틱이 잘 어울린다.

📢 퍼스널컬러 자가진단 결과

A 항목이 많다.	B 항목이 많다.
Warm Tone	Cool Tone

⏰ 학습활동 2 – 진단 도구를 이용한 퍼스널컬러 진단

Step ❶

컬러판에 손을 올려 신체색상과 톤으로 진단

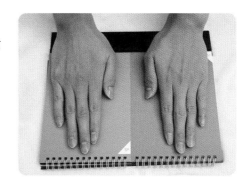

📢 환하고 부드러운 느낌을 주는 손

코랄색 컬러판	핑크색 컬러판
Warm Tone	Cool Tone

Step ❷

사계절 컬러 드레이핑 천을
얼굴 아래에 둘러보며 진단

❸ 사계절 컬러

봄, 여름, 가을, 겨울의 사계절에서 보이고 느껴지는 컬러 이미지에 따라 색을 분류한
것을 사계절 컬러라고 한다.

❶ 봄(spring)

- 노란색을 기본으로 하고, 밝고 화사하며 생동감을 지닌 색상들이 봄을 상징한다.
- 맑고 선명한 느낌을 지니고 있다.
- 귀엽고 화사한 이미지를 가지고 있다.
- 선명한 빨강, 파랑, 초록, 주황, 보라색 등이 봄의 컬러에 해당된다.

봄 드레이핑 천

❷ 여름(summer)

- 블루와 화이트를 기본으로 강하지 않은 부드러운 색상들이 여름을 상징한다.
- 부드럽고 여성적이며 깔끔한 느낌을 지니고 있다.
- 차가우면서도 부드럽고 낭만적인 이미지를 가지고 있다.
- 연핑크, 아쿠아블루, 소라색, 산호색 등 파스텔 계열 색상이 여름 컬러에 해당된다.

여름 드레이핑 천

❸ 가을(autumn)

- 어두운 옐로, 골드색이 포함된 따뜻하고 차분한 색상들이 가을을 상징한다.
- 따뜻하고 부드러우며 차분한 느낌을 지니고 있다.
- 그윽하고 포근하며 성숙한 이미지를 가지고 있다.
- 베이지, 갈색, 카키, 카멜 등이 가을 컬러에 해당된다.

가을 드레이핑 천

④ 겨울(winter)

- 푸른색과 검은색을 기본으로 하고, 차갑고 강한 색상들이 겨울을 상징한다.
- 차가우면서도 강렬한 느낌을 지니고 있다.
- 도시적이고 이지적이며, 세련된 이미지를 가지고 있다.
- 와인색, 자주색, 네이비블루, 청회색, 청보라색 등이 겨울 컬러에 해당된다.

겨울 드레이핑 천

③ 컬러 이미지메이킹

퍼스널컬러 진단을 통해 본인의 사계절 컬러를 찾고, 사계절 컬러가 가지고 있는 각각의 이미지와 느낌, 특징의 이해를 통해 이를 활용한 컬러 이미지메이킹을 실천해볼 수 있다.

피부색, 눈동자색에 어울리는 메이크업과 헤어컬러링, 의상 및 액세서리 스타일링을 통해 본인의 장점은 더욱 부각하고 단점은 보완함으로써 최상의 이미지를 만들 수 있다.

① 웜톤과 쿨톤 적용

❶ 웜톤

웜톤 립스틱과 아이섀도

- 옐로 베이스의 파운데이션 사용
- 노란색 피부톤 보정을 위해서는 보라색이 가미된 메이크업 베이스 제품 사용
- 코랄이나 오렌지 베이스의 립컬러 사용
- 갈색, 오렌지색, 베이지, 골드색 베이스의 아이섀도 사용
- 옐로 골드, 로즈 골드 액세서리가 잘 어울림

❷ 쿨톤

쿨톤 립스틱과 아이섀도

- 핑크 베이스의 파운데이션 사용
- 창백한 피부톤 보정을 위해서는 핑크색이 가미된 메이크업 베이스 제품 사용
- 핑크색이나 보라색 베이스의 립컬러 사용
- 핑크색, 라벤더색, 라이트블루 베이스의 아이섀도 사용
- 실버, 화이트 골드 액세서리가 잘 어울림

② 사계절 컬러 적용

❶ 봄

- 이미지: 밝은 인상, 생기발랄하며 활기찬 이미지
- 피부: 맑은 노란빛에 약간의 홍조를 띤 밝고 투명한 피부, 피부가 얇아서 주근깨 등의 잡티가 드러나 보임, 화사하고 촉촉한 피부표현
- 헤어: 밝고 귀여운 이미지의 색, 가벼운 느낌의 오렌지브라운 컬러, 컬이 많은 헤어 스타일이 잘 어울림

- 메이크업: 밝은 컬러의 아이섀도에 포인트 컬러로 글리터 활용, 맑은 고채도 색상의 치크 사용, 오렌지·피치·라이트 브라운·선명한 레드의 립 컬러 사용
- 의상 스타일링: 부드러운 질감, 작고 귀여운 패턴, 플라워 패턴의 의상
- 액세서리: 광택감이 많은 골드 계열, 원색의 컬러감이 많은 액세서리
- 화이트 컬러 사용: 크리미한 느낌의 화이트

봄 컬러 연예인-송혜교, 아이유, 수지, 한지민

❷ 여름

- 이미지: 깨끗하고 부드러운, 여성스러운 이미지
- 피부: 핑크색이 도는 피부색으로 얼굴이 쉽게 빨개지기도 함, 화사하면서 매트한 피부표현
- 헤어: 우아하고 품위 있는 느낌, 애시브라운과 보랏빛 컬러, 스트레이트 헤어스타일이 잘 어울림
- 메이크업: 펄이 들어간 화사한 파스텔톤의 스카이블루, 코발트그린, 베이비핑크의 아이섀도, 세미스모키 눈화장, 핑크색·보랏빛 색상의 치크 사용, 보라색 베이스의 컬러, 부드러운 느낌의 레드 립

여름 컬러 연예인-손예진, 이영애, 한가인, 김연아

- 의상 스타일링: 시폰이나 레이스 소재를 사용한 우아하고 여성스러운 느낌의 의상
- 액세서리: 매트한 느낌의 광택이 없는 실버 계열, 진주
- 화이트 컬러 사용: 매트한 오프화이트

❸ 가을

- 이미지: 차분하고 고급스러운 이미지
- 피부: 윤기가 없고 건조한 피부이므로 푸석푸석한 느낌을 줄 수 있음, 부드러운 세미매트 느낌의 피부 표현
- 헤어: 깊이 있고 차분한 느낌의 레드 계열, 다크브라운 컬러, 컬이 큰 웨이브 헤어스타일이 잘 어울림
- 메이크업: 갈색·골드색을 활용한 음영메이크업, 오렌지·브릭레드 색상의 치크 사용, 다크오렌지·갈색이 섞인 레드 색상의 립 컬러 사용

가을 컬러 연예인-이효리, 전지현, 수애, 한예슬

- 의상 스타일링: 가죽이나 리넨 소재의 의상, 따뜻한 느낌의 니트 의류
- 액세서리: 매트한 느낌의 골드 계열, 가죽 액세서리
- 화이트 컬러 사용: 아이보리 계열의 따뜻한 화이트

❹ 겨울

- 이미지: 도시적이고 선명하며 화려함과 날카로움을 겸비한 이미지
- 피부: 푸른 기가 도는 투명한 피부로 차갑고 창백한 느낌을 줄 수 있음, 밝고 화사한 피부표현
- 헤어: 샤프하고 냉철한 느낌을 주는 다크한 와인 계열, 블랙 컬러, 스트레이트 헤어 스타일이 잘 어울림

- 메이크업: 실버, 핑크 글리터를 활용한 눈 화장이 잘 어울림, 또렷한 아이라이너와 마스카라로 세련된 느낌을 강조, 자연스러운 핑크 색상의 치크 사용, 버건디·퍼플·마젠타·딥레드 계열의 립 컬러 사용
- 의상 스타일링: 모던하고 심플한 스타일의 의상, 라인감을 살릴 수 있는 힘 있는 소재를 사용한 의상
- 액세서리: 광택이 있고 샤프한 느낌의 실버 계열, 크리스털류의 반짝이는 액세서리
- 화이트 컬러 사용: 광택이 있는 퓨어화이트

겨울 컬러 연예인-김혜수, 김소연, 이나영, 선미

이미지메이킹

Chapter 08
패션 이미지

학습목표

- 패션스타일 연출의 중요성을 이해할 수 있다.
- 여성 체형별 특징과 스타일 연출법을 알 수 있다.
- 남성 체형별 특징과 스타일 연출법을 알 수 있다.

Chapter
08
패션 이미지

 패션스타일 연출의 중요성

옷차림은 사회인의 기본적인 예의이며, 시간과 장소, 상황에 맞게 갖추어 입는 것은 자신의 개성을 나타내고 상대를 존중하는 행위가 된다. 특히 옷차림, 패션에 의한 첫인 상은 사회생활을 원만하고 부드럽게 해준다.

연구 결과에 따르면, 우수한 패션 감각을 지닌 사람은 그렇지 않은 사람보다 승진의 속도가 빠르고 많은 연봉을 받는다고 하였다. 단정하고 깔끔한 옷차림은 상대적으로 능력이 뛰어나 보이는 효과를 가져와 상대방에게 호감을 주고 인적 네트워크 형성에도 긍정적인 영향을 준다.

사람의 이미지는 스타일을 연출하는 방법과 선택한 옷차림의 종류에 영향을 받는다. 자신이 보완해야 할 부분을 정확히 파악하고 연출한다면 상대방에게 매력적인 인상을 남길 수 있다. 무엇보다 패션스타일에 대한 지식과 자신의 체형에 대한 이해가 필요하다. 또한 자신의 신체가 어떤 장단점을 가졌는지 알고 자신을 돋보일 수 있는 스타일을 만들어갈 수 있도록 신경 써야 한다.

🚨 패션스타일 연출법의 기본원칙

① 자신의 체형 파악하기
② 시대에 따른 유행보다는 자신의 결점을 정확히 파악하여 보완하기
③ 자신에게 어울리는 컬러와 패턴, 디자인 이용하기
④ 전체적인 조화와 균형에 맞게 입기

 체형별 스타일 연출법

남성과 여성의 체형별 특징과 나에게 맞는 패션스타일이 무엇인지 찾아보자.

1 여성 체형별 스타일

❶ 모래시계형 체형(hourglass, X자형)

©www.hanol.co.kr

- 어깨와 엉덩이가 크고 허리가 가는 체형이다.
- 볼륨 있는 상체와 엉덩이에 가는 허리, 즉 전체적으로 균형 잡힌 체형으로 어떤 아이템도 무난하게 소화할 수 있는 특징을 가지고 있다.

> ✿ **스타일 포인트!**
> - 허리를 강조한다면 여성적인 이미지를 연출할 수 있다.

 Yes

- 벨트가 달린 코트, 상의는 붙고 하의는 퍼지는 원피스, 딱 붙는 스쿠프넥 상의에 하이웨이스트 바지나 스커트를 받쳐 입어 허리를 강조한다.
- 가슴을 돋보이게 하는 V넥, 스쿠프넥, 보트넥 상의를 입는다.
- 몸에 딱 맞는 저지 상의와 와이드나 스키니, 부츠컷 청바지 스타일을 연출한다.

No

- 박스형 재킷과 일자 바지는 피하는 것이 좋다.
- 어깨나 가슴 부분에 프릴이 많은 디자인을 피하는 것이 좋다.
- 헐렁한 스웨터는 피하는 것이 좋다.

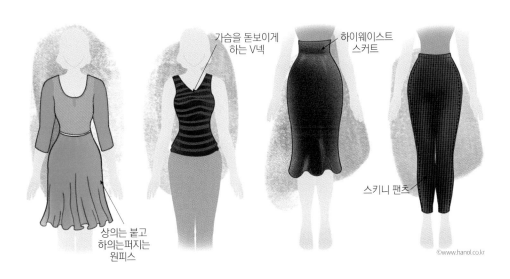

가슴을 돋보이게
하는 V넥

하이웨이스트
스커트

상의는 붙고
하의는퍼지는
원피스

스키니 팬츠

©www.hanol.co.kr

❷ 직사각형 체형(rectangular figure, H자형·I자형)

©www.hanol.co.kr

- 상체와 하체가 일직선으로 가슴이 작고 허리선이 없는 것이 특징이다.
- 상반신과 하반신의 균형이 좋아 멋스러우며, 시크한 이미지가 강한 체형이다.

❋ **스타일 포인트!**

- 삼각형 체형, 역삼각형 체형, 둥근 체형과 유사점이 있어 상체와 하체를 잘 비례하여 균형 잡힌 스타일을 연출한다.

- 부드럽고 자연스러운 어깨선의 재킷이나 코트를 입는다. 특히 코르셋 타입의 디자인이나, 벨트가 있거나 큰 카라, 어깨와 엉덩이 주변에 장식이 있는 코트를 선택하는 것이 좋다.
- V 형태의 목이 드러나는 옷을 입는 것이 좋으며, 목이 올라오는 옷을 입었을 경우 헤어를 묶어서 연출하는 것이 좋다.
- 어깨를 드러내고 비대칭으로 재단된 상의를 입는 것이 좋다.
- 마른 체형일 경우에는 두께감과 강도가 있는 소재를 선택한다.
- 약간의 힘이 있는 소재의 H라인의 원피스로 세련된 느낌을 연출한다.
- 풍성한 스커트와 플레어, 부츠컷, 와이드 팬츠의 바지를 착용한다.
- 셔링이 있는 디자인을 선택한다면 슬림한 각선미를 강조할 수 있다.

No

- 롱드레스, 롱스커트는 피하는 것이 좋다.
- 허리띠나 굵은 벨트 등의 허리선을 강조하는 스타일이나 지나치게 몸에 붙는 소재

의 원피스는 오히려 굴곡이 없어 보일 수 있기 때문에 피하는 것이 좋다.

• 박스 형태의 셔츠와 사각형과 직선적인 네크라인은 피하는 것이 좋다.

❸ 삼각형 체형(triangle figure, A자형)

• 상체보다는 하체가 더 발달한 체형으로, 어깨 쪽보다는 엉덩이 쪽이 발달하고 엉덩이가 크거나 허벅지가 굵은 것이 특징이다.
• 여성스럽고 우아한 분위기를 가지고 있다.

> ✿ 스타일 포인트!
> • 발달된 하체 부분을 감추고 빈약한 상체에 볼륨감을 살리는 스타일을 연출하여 어깨선을 강조한다면 슬림한 상체를 아름답게 만든다.

©www.hanol.co.kr

👍 **Yes**

• 커다란 어깨 패드, 견장, 셔링 디테일, 퍼프 소매의 상의를 입는다.
• 보트넥, 스퀘어넥, 목선에 수평 디테일이 있는 셔츠나 니트를 입는다.
• A라인 스커트, 힙과 허벅지에 여유가 있는 원피스, 하이웨이스트의 원피스를 입는다.
• 밑단이 좁은 바지나 허리밴드가 있는 일자바지, 어두운 색상의 하의를 입는다.
• 과감한 프린트의 귀걸이, 모자, 안경, 머리띠를 착용하여 상체로 시선을 집중시킨다.

👎 **No**

• 어깨 핏이 도드라지는 티셔츠나 네크라인이 넓은 상의는 피하는 것이 좋다.
• 폭 넓은 슬렉스는 오히려 뚱뚱해 보일 수 있기 때문에 피하는 것이 좋다.

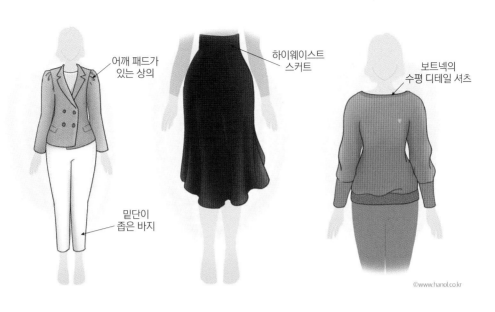

어깨 패드가
있는 상의

하이웨이스트
스커트

보트넥의
수평 디테일 셔츠

밑단이
좁은 바지

©www.hanol.co.kr

❹ **역삼각형 체형**(reverse triangular figure, Y자형·V자형)

• 상체가 발달된 체형으로 가슴과 어깨너비에 비해 골반이 좁고 엉덩이가 빈약하며, 허리가 가는 것이 특징이다.
• 대체로 허리는 짧고 다리는 길다.
• 활동적인 이미지를 가지고 있다.

> ✿ **스타일 포인트!**
> • 하의로 시선을 모으는 옷차림을 연출한다.
> • 상의는 심플하고 몸에 맞는 핏의 옷, 하체는 볼륨감을 주는 옷을 선택하여 균형을 유지한다.

©www.hanol.co.kr

👍 **Yes**

• 깊고 좁은 U형, 또는 V형의 네크라인이 좋다.
• 어깨선이 맞는 재킷 또는 패드가 얇은 재킷을 입는다.
• 부드러운 소재인 쉬폰, 코튼, 실크로 된 블라우스와 셔츠가 잘 어울린다.
• 상의보다 밝은 색상의 하의를 입어 다리에 시선이 오도록 한다.
• 플레어, 벌룬 등의 볼륨 있는 스커트나 넉넉한 바지를 입도록 한다.
• 긴 목걸이와 같은 액세서리로 상의로 몰리는 시선을 분산시킨다.

👎 **No**

• 어깨라인에 과도한 장식과 패턴이 달린 옷은 피한다.
• 스키니와 타이트한 바지는 피하도록 한다.
• 단단하고 두께감 있는 소재의 옷은 피한다.

어깨선이
맞는 재킷

V넥 상의와
밝은색의
하의

플레어
볼륨 스커트

벌룬
스커트

©www.hanol.co.kr

5 **사과형 체형**(rounded shape figure, O자형)

©www.hanol.co.kr

- 둥글고 넓은 상체와 복부 주변이 통통한 특징을 가지고 있는 체형이다.
- 대체로 복부를 중심으로 체중이 증가하며, 슬림한 허벅지와 다리, 좁은 엉덩이를 가지고 있다.

> ❀ **스타일 포인트!**
> - 하의에 밝은 색상의 옷을 착용하고 곡선과 충만함을 더하는 옷을 선택하여 상체와 균형을 맞춘다.

 Yes

- 직선적인 라인을 가진 옷을 입어 가슴과 복부 쪽 볼륨을 없앤다.
- 네크라인은 V넥을 선택하며, 네크라인 주변에 볼륨과 장식이 있는 것을 선택한다.
- 가슴 위쪽 상체와 팔에 시선을 집중시키기 위해 주름, 퍼프, 플레어 등 디테일이 많은 소매를 선택하는 것이 좋다.
- 목과 어깨라인 주변에 장식이 있거나 복부 쪽에 대각선 패턴이나 큰 무늬가 있는 패턴을 선택한다.
- 엉덩이보다 긴 코트나 원버튼 재킷을 선택하여 몸의 균형을 맞춘다.
- 폭이 넓은 바지를 선택한다.

No

- 높고 좁은 네크라인은 피하는 것이 좋다.
- 핏이 되는 소매, 짧은 기장의 상의나 타이트한 상의는 선택하지 않는다.
- 복부에 가로줄무늬가 있는 것은 좋지 않다.
- 벨트가 있는 것은 피하고 투버튼 재킷은 좋지 않다.
- 허리선이 높은 바지나 밑단으로 갈수록 좁아지는 바지는 상체와 복부를 강조하기 때문에 선택하지 않는다.

V넥 라인과
와이드 스타일

가슴 아래
하나의 단추

A라인
스타일 원피스

엉덩이를 덮는
기장의 코트

©www.hanol.co.kr

② 남성 체형별 스타일

❶ 역삼각형 체형(reverse triangular figure)

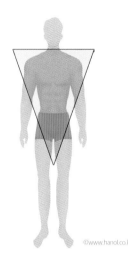

©www.hanol.co.kr

- 넓은 어깨와 가슴, 즉 상체가 발달하여 남성미와 건강미가 돋보이는 체형이다.
- 키가 작지 않다면 상하체가 균형이 잘 잡혀 있는 체형으로 모든 스타일을 소화할 수 있는 특징이 있다.

❀ **스타일 포인트!**
- 상체가 부각되지 않는 심플한 스타일로 연출한다.

- V넥 티셔츠, 세로 줄무늬 패턴의 상의 또는 투버튼 싱글 슈트, 벨트형 재킷이나 코트, 짙은 상의를 입는 것이 좋다.
- 체크패턴의 하의나 밝은 색 하의를 입는 것이 좋으며, 통이 넓은 와이드 팬츠, 스트레이트 팬츠 역시 하체의 균형미를 연출할 수 있다.

- 어깨를 강조한 디자인이나 큰 어깨 패드가 있는 재킷은 체격이 커 보일 수 있는 스타일이기 때문에 자제하는 것이 좋다.
- 눈에 띄는 넥타이나 선명한 무늬가 있는 상의, 몸에 핏된 상의는 상체가 커 보이고 하체가 얇아 보일 수 있다.

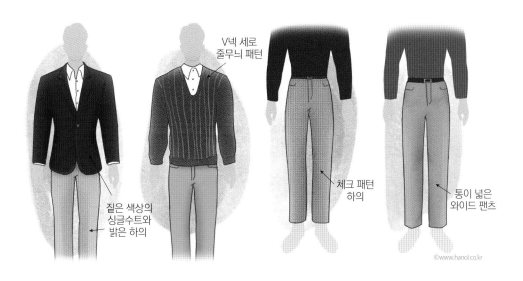

V넥 세로
줄무늬 패턴

짙은 색상의
싱글수트와
밝은 하의

체크 패턴
하의

통이 넓은
와이드 팬츠

©www.hanol.co.kr

❷ **직사각형 체형**(rectangular figure)

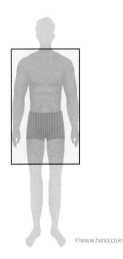

- 가장 일반적인 체형으로 어깨, 가슴, 허리의 차이가 크게 나지 않는 타입이다.
- 다양한 스타일을 연출할 수 있다.

> ✿ **스타일 포인트!**
> - 머리는 단정하게 연출하고 어깨에 볼륨을 주어 남성적인 매력을 연출한다.

©www.hanol.co.kr

- 큰 어깨 패드와 견장, 가슴 주머니가 달린 재킷을 입는다.
- 넥카라가 있는 셔츠나 티셔츠를 입는다.
- 베스트와 함께 입는 쓰리피스 스타일의 정장을 입는다.
- 밝은 색상의 상의와 풍성한 스웨터, 상체를 강조할 수 있는 더블 브레스티드 재킷과 코트를 입는다.

- 체격이 왜소해 보이는 얇은 소재의 옷과 진한 색상은 피하는 것이 좋다.
- 특히 어깨가 빈약해 보일 수 있는 카라 없는 라운드 네크라인은 피하는 것이 좋다.

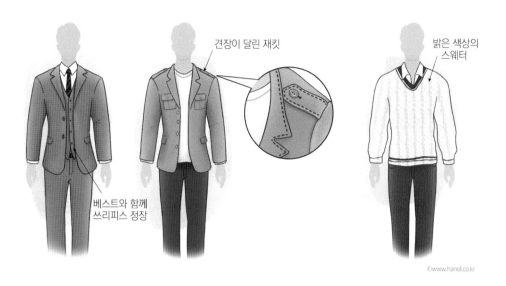

견장이 달린 재킷

밝은 색상의
스웨터

베스트와 함께
쓰리피스 정장

©www.hanol.co.kr

❸ 오벌형 체형(oval shape figure)

©www.hanol.co.kr

- 어깨가 처지고 허리둘레가 두꺼운 통통한 체형이다.
- 목이 짧은 경우가 많으며, 운동이 부족한 남성에게 나타나는 체형이다.

> ❋ 스타일 포인트!
> - 세로로 길고 가는 직선적인 형태의 옷으로 세련되고 남성적인 매력을 연출한다.

 Yes

- 깊은 V넥에 어깨가 각진 상의를 입는 것이 좋다.
- 체형이 드러나지 않는 길고 여유 있는 재킷과 바지를 입는 것이 좋다.
- 상의와 하의의 경우 동일한 색상이나 비슷한 색상으로 선택한다.
- 싱글 브레스티드 재킷은 윗단추만 채우는 것이 좋다.
- 스트라이프가 들어간 재킷, 셔츠, 슈트, 타이 또는 어두운 색상의 재킷을 착용하는 것이 좋다.

No

- 배를 강조하는 옷, 부피감이 있는 소재의 옷을 착용하지 않는다.
- 부드럽고 얇은 소재의 체형이 드러나는 옷이나 붉은색, 노란색 옷을 착용하는 것은 피하는 것이 좋다.

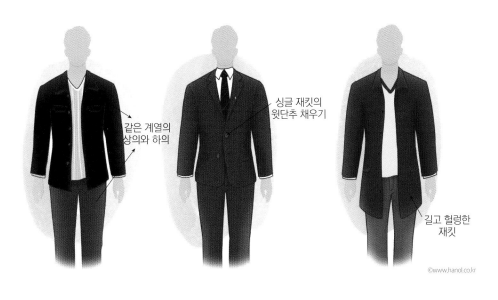

같은 계열의
상의와 하의

싱글 재킷의
윗단추 채우기

길고 헐렁한
재킷

©www.hanol.co.kr

생각해보기

먼저 자신의 체형을 파악하여 작성한 후 매력적인 이미지를 만들기 위한 나만의 패션 연출 노하우를 정리해보자.

체형 파악 방법

❶ 타이트한 흰색 계열의 옷을 입고 전신 거울 앞에서 신체의 가슴, 허리, 골반으로 이어지는 외형을 살펴본다.

❷ 가슴, 허리, 엉덩이 사이즈를 재어 체형을 파악한다.

이미지메이킹

Chapter **09**
향기 이미지

학습목표

- 향기 이미지의 중요성에 대해 이해할 수 있다.
- TPO에 맞는 향수를 선택하고 이미지를 연출할 수 있다.
- 향수를 올바르게 사용하고 보관할 수 있다.

Chapter
09
향기 이미지

1 향기 이미지의 중요성

향기는 우리의 후각을 통해 다양한 이미지를 연상시킬 수 있기 때문에 사람에게서 느껴지는 향기 이미지는 사회적 관계에서 시각적·청각적 이미지만큼 중요한 역할을 한다. 예를 들어서 초록색 잎을 떠올리게 하는 그린(green) 계열의 향기는 자연스럽고 편안한 이미지를 전달한다. 시트러스(citrus) 계열의 향기는 밝고 명랑한 이미지를 표현하며, 목질의 향인 우디(woody) 계열의 향은 고상하고 품위 있는 이미지를 전달한다.

최근 향수는 체취를 없애거나 자신의 체취에 맞는 향기 이미지를 더함으로써 이미지메이킹 효과를 극대화하기 위해서 사용되고 있다. 향수를 이용해 향기 이미지를 연출할 때는 무엇보다 자신의 이미지에 어울리는 향수를 선택해 지나치지 않고 올바르게 사용하는 것이 중요하다.

식음료를 다루는 경우에는 고객이 제공받는 식음료에 향수의 향이 묻어나지 않도록 주의해야 한다. 무더운 여름날에는 가급적 상대에게 청량함을 전달할 수 있는 상쾌한 향을 활용하는 것이 좋으며, 추운 겨울날에는 따뜻한 느낌을 전달할 수 있는 머스크 향을 활용하는 것이 좋다. 향기 이미지를 연출하기 위한 향수의 분류와 올바른 사용법 및 보관법에 대해 알아보자.

 ## 향수의 분류

 ### 농도와 지속시간에 따른 분류

향수는 향료의 농도, 즉 부향률에 따라 퍼퓸(perfume), 오드퍼퓸(eau de perfume), 오드투왈렛(eau de toilette), 오드코롱(eau de cologne), 그리고 샤워코롱(shower cologne)으로 나뉘며, 이들은 퍼퓸에 알코올과 증류수를 섞어 희석한 것이다. 즉, 부향률이 높다는 것은 향료의 비율이 높다는 의미이며 이는 향이 오래 지속된다는 뜻이다.

구 분	내 용
퍼퓸 (Perfume)	• 부향률 15~30% • 지속시간 7시간 이상
	• 지속성과 확산성 우수 • 장시간 외출 시 적합 • 한 방울을 가볍게 떨어뜨려 점을 찍듯이 바른다.
오드퍼퓸 (Eau de Perfume)	• 부향률 10~15% • 지속시간 5~7시간
	• 지속성과 향기의 깊이가 있음 • 퍼퓸보다 경제적이고 실용적인 제품 • 낮 외출 시 사용 권장
오드투왈렛 (Eau de Toilette)	• 부향률 5~10% • 지속시간 3~5시간
	• 향의 농도가 강하지 않아 부드럽고 은은한 향을 느낄 수 있음 • 가볍고 간편하게 사용할 수 있어 가장 대중적임 • 전신에 사용 가능함

구 분	내 용
오드코롱 (Eau de Cologne)	• 부향률 3~5% • 지속시간 1~2시간 • 상쾌함을 목적으로 향수를 처음 접하는 경우 적합하고 용이함 • 운동이나 샤워 후 사용
샤워코롱 (Shower Cologne)	• 부향률 1~3% • 지속시간 1시간 이내 • 목욕 후 가볍게 뿌려서 사용 • 실내에서 사용 가능하며, 바디제품으로 산뜻하게 사용

② 발향 단계에 따른 분류

한 가지 원료나 다양한 원료의 배합에서 나오는 후각적인 인상을 향수의 노트(note)라고 하며 시간의 흐름에 따라 3단계로 구분된다.

구 분	내 용
탑 노트 (Top note)	• 향수를 뿌린 직후 10분 전후의 첫인상의 향 • 헤드 노트(head note)라고도 함 • 가장 강한 인상을 전할 수 있도록 휘발성이 강한 향료를 사용 • 시트러스, 플로럴, 그린 계열의 향
미들 노트 (Middle note)	• 향수를 뿌린 후 30분~1시간 경과된 안정된 향 • 하트 노트(heart note)라고도 함 • 휘발성과 보유성이 중간 정도에 있는 향료를 사용 • 플로럴, 시프레, 허브, 오리엔탈 계열의 향
베이스 노트 (Base note)	• 향수를 뿌린 후 2시간 이후의 마지막 향 • 미들 노트에서 가장 무거운 향으로 변화하는 향 • 사용자의 체향과 어우러져 오래 남는 향 • 휘발도가 낮은 우디, 엠버, 바닐라, 머스크 계열의 향

③ 향기에 따른 분류

구 분	내 용
플로럴(Floral)	• 장미, 재스민, 백합 등의 다양한 꽃향 • 부드럽고 여성스러운 타입과 여러 향이 혼합되어 화려한 타입이 있음
그린(Green)	• 싱그러운 풀잎이나 나무의 이미지, 자연 그대로의 내추럴한 향 • 신선하고 상쾌한 느낌
시트러스(Citrus)	• 레몬, 오렌지, 자몽 등 감귤계의 향 • 지속시간은 짧지만 가볍고 발랄한 느낌
오리엔탈(Oriental)	• 동물성 향료가 많이 배합되어 신비롭고 동양적인 느낌 • 지속성이 좋고 화려하며 세련된 향
시프레(Chypre)	• 지중해 키프로스섬을 지칭하는 말로 떡갈나무 이끼류에서 느껴지는 향 • 잔잔하면서 풍요로운 느낌이며 성숙한 여성의 이미지
우디(Woody)	• 나무 뿌리 냄새를 혼합한 향 • 나무 향기의 여유로움이 차분하게 만들어주는 안정된 느낌의 향 • 지적인 분위기
푸제르(Fougere)	• 라벤더 타입으로 신선하고 촉촉한 느낌
스파이시(Spicy)	• 향신료처럼 강하고 매콤한 향기 • 생강, 후추, 계피 등에서 추출한 자극적이고 샤프한 향 • 자신감 넘치고 진취적인 이미지
머스크(Musk)	• 도회적인 기품이 느껴지는 향 • 관능적이며 중후한 느낌의 강한 인상
프루티(Fruity)	• 과일들의 복합적인 향 • 복숭아, 사과, 파인애플 등의 과일을 이용해 만든 향 • 달콤하게 익은 과일 향으로 사랑스러운 느낌

 올바른 향수 사용법 및 보관법

올바른 향수 사용법

- 향수는 맥박이 뛰는 부위와 움직임이 있는 곳에 뿌린다.
  향수를 맥박이 뛰는 부위, 지속적인 움직임이 있는 부위, 혈관이 지나가는 부위에 뿌리면 향이 은은하게 발향되며 오래 지속된다.

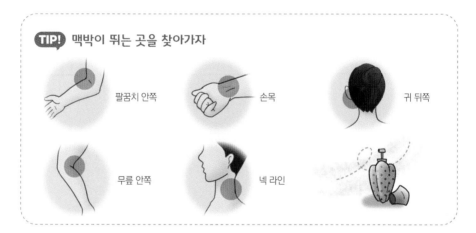

TIP! 맥박이 뛰는 곳을 찾아가자

팔꿈치 안쪽 / 손목 / 귀 뒤쪽 / 무릎 안쪽 / 넥 라인

- 향수는 다른 향과 혼합되지 않도록 하며 하나의 향이 유지되게 사용한다.
  여러 향수를 사용하면 오히려 상대방에게 거부감을 줄 수 있다.

- 향수는 땀이 나는 부위에는 사용하지 않는다.
  땀이 많이 나는 겨드랑이와 같은 신체 부위에 사용하면 오히려 땀 냄새와 섞여 향이 변질될 수 있다.

- 향수는 가죽, 모피, 실크, 흰옷 제품에는 사용하지 않는다.
  향수를 가죽 제품이나 실크, 흰색 섬유에 직접 분사할 경우 얼룩을 남길 수 있으므로 주의한다. 옷의 겉감보다는 안감에 뿌리는 것이 좋다.

- TPO를 고려하여 향수를 사용한다.

향수도 시간, 장소, 상황을 고려하여 사용해야 한다. 좁고 밀폐된 공간에서 강한 향수를 사용하면 오히려 상대에게 불쾌감을 줄 수 있다.

② 향수 보관법

- 향수도 변질될 수 있다.

향수는 직사광선과 온도에 따라 변질될 수 있다. 이 때문에 향수는 서늘한 그늘이나 통풍이 잘되는 곳에 보관하고, 기온이 높으면 쉽게 변질될 수 있으므로 13~15℃ 정도에서 일정한 온도를 유지하는 것이 좋다.

- 향수도 유통기한이 있다.

향수는 개봉 후 1~2년 내에 사용하는 것을 추천한다. 한번 사용한 향수는 진공상태를 벗어나 조금씩 증발하는데, 공기가 유입되면 변질 가능성이 높아지기 때문에 반드시 뚜껑을 닫고 1~2년 내에 사용하는 것이 좋다.

🔔 데오도란트(Deodorant)

피지의 과다분비로 인한 박테리아 번식을 예방하고, 땀구멍을 축소해 땀을 억제하며, 냄새를 제거하는 제품이다. 과도한 피지나 땀은 상대에게 불쾌한 냄새를 줄 수 있기 때문에 청결함을 위해 여름철에 주로 사용한다.

Chapter 10
목소리 이미지

학습목표

- 자신의 목소리의 장단점을 파악할 수 있다.
- 올바른 복식호흡을 연습할 수 있다.
- 정확한 발음을 실습할 수 있다.

Chapter 10 목소리 이미지

① 목소리

사람마다 개별적인 목소리(voice) 성향을 가지고 있으며, 선천적으로 타고난 것 이외에도 기본적으로 자신이 가지고 있는 목소리에서 벗어난 특성이나 유형의 형태인 변이형을 가지고 있다. 즉, 나의 목소리를 듣는 청자는 목소리를 통해 나의 감정을 전달받기 때문에 바람직한 말하기 태도를 통해 대화의 상대에게 호감을 느끼게 하고, 지속적으로 대화를 이어가고 싶은 감정을 주기 위해서 우리는 스스로 목소리를 관리하고 여러 가지 방법으로 활용할 필요가 있다.

우리는 이야기의 성격에 맞도록 적당한 목소리의 크기와 목소리의 높고 낮음 그리고 명료하고 고른 음성, 따뜻하게 느껴지는 음색, 대화에서 강조되는 말의 사용과 적절한 조절, 억양을 지속적으로 관리하고, 자신의 목소리를 관찰하며 자신이 닮고자 하는 사람의 목소리를 모방함으로써 자신이 이상적으로 원하는 목소리를 개발할 수 있다. 따라서 좋은 목소리란 태어날 때부터 타고난 아름다운 목소리가 아니라 장소와 목적에 맞추어 적합하게 연출하며, 대화의 목적에 잘 어울리는 목소리라고 할 수 있다.

만약 아래의 사항에 1개 이상 해당된다면 평소 입으로 숨을 쉬고 있을 가능성이 크다. 따라서 이를 개선하기 위하여 복식호흡법을 연습할 필요가 있다.

- 목소리에 자신감이 없고, 불만족스럽다.
- 목소리가 힘이 없고 작아서 기어들어간다.
- 목이 쉽게 지치고 아프다.
- 지금의 목소리 톤이 너무 높거나 낮다고 생각한다.
- 허스키한 쇳소리가 나며 말끝이 갈라진다.
- 목소리가 맑지 않고 탁해서 듣기 불편하다는 평을 들은 적이 있다.
- 목소리가 딱딱하고 부드럽지 않다.
- 콧소리(코맹맹이 소리)가 나서 귀에 거슬린다.
- 긴장하면 목소리가 떨리거나 말을 더듬게 된다.
- 목소리가 무겁고 웅얼거리는 듯한 느낌이 들어 답답하게 들린다는 평을 들은 적이 있다.
- 발음이 부정확해서 대화 도중 사람들이 "네?", "뭐라고요?"라고 다시 물어볼 때가 있다.
- 목소리에 생동감이 없고 밋밋하다.
- 말의 속도가 너무 빠르거나 너무 느리다.
- 사투리를 심하게 사용한다.
- 말투가 어린아이 같다는 평가를 받은 적이 있다.
- 툭툭 던지는 불친절한 말투를 사용한다.

듣기 좋은 목소리
- 자신감 있고 당당한 목소리
- 미소가 담겨 있는 목소리
- 친절하고 편안한 목소리
- 볼륨의 변화가 있는 목소리
- 명쾌하고 밝은 목소리

② 호흡과 목소리

우리가 영화나 드라마에서 보는 멋진 배우들이 매력적으로 연기하기 위해 또는 가수가 아름다운 노래를 하기 위해 가장 먼저 배우고 연습하는 것이 바로 호흡법이다. 이것과 마찬가지로 일반 사람들이 멋진 목소리를 가지기 위해서도 올바른 호흡법을 배우고 실천하는 것이 매우 중요하다.

즉, 좋은 집을 만들기 위해 기초 공사를 튼튼하게 해야 하듯이 올바른 호흡은 말의 기초 공사를 튼튼히 하는 것과 같다. 올바른 호흡을 하게 되면 힘 있고 적절한 발음과 발성, 속도감의 말을 전달할 수 있고 스피치 불안증을 개선할 수 있다.

① 호흡

호흡(breathing)이란, 일반적으로 살아 있는 생명체가 호흡을 통해 산소를 흡입한 이후 이산화탄소를 몸 밖으로 내보내는 과정을 말한다. 호흡은 아름다운 목소리를 낼 수 있도록 몸속에서 충분한 산소를 제공함으로써 자신이 원하는 발성을 가능하게 해주고, 다양한 목소리를 표현할 수 있게 해주며, 감정이 풍부한 목소리 연출이 가능하도록 한다. 아름다운 목소리 표현에 중요한 호흡을 올바르게 이해하고 실행하기 위해서는 복식호흡법을 활용하는 것이 좋다.

② 복식호흡법

복식호흡이란, 배로 숨 쉬는 방법으로 횡격막의 움직임을 위아래로 이동시키면서 폐에 전달되는 공기 압력이 목소리의 발성을 자연스럽고 풍부해지게 만드는 데 도움을 준다. 또한 복식호흡은 마음의 안정을 주며, 안정적인 목소리 연출에 도움이 된다. 다음의 방법을 실행해보자.

첫째, 배를 크게 내밀면서 천천히 코로 숨을 들이마신다.

 만약 아래의 사항에 1개 이상 해당된다면 평소 입으로 숨을 쉬고 있을 가능성이 크다. 따라서 이를 개선하기 위하여 복식호흡법을 연습할 필요가 있다.

올바른 호흡법 자가진단 체크리스트

- 나는 코가 자주 막힌다.
- 나는 앞니가 튀어나왔다.
- 나는 치열이 고르지 않다.
- 나는 아랫입술이 윗입술보다 나와 있다.
- 나는 평소에 입을 벌리고 잔다.
- 나는 얼굴이 비대칭이다.
- 나는 콧대가 휘었다.
- 나는 입이 꼭 다물어지지 않는다.
- 나는 콧구멍을 자유자재로 벌름거리지 못한다.
- 나는 자면서 코를 골거나 이를 간다.
- 나는 옆으로 눕거나 엎드려 자는 버릇이 있다.
- 나는 자고 일어나면 목이 아프다는 느낌을 받을 때가 있다.
- 나는 입안이 자주 마른다.
- 나는 평소에 무의식적으로 입을 벌리고 있다.
- 나는 입술이 거칠고 자주 건조해진다.
- 나는 음식을 먹을 때 한쪽으로만 씹는다.
- 나는 음식을 먹을 때 쩝쩝 소리를 많이 낸다.

둘째, 숨을 3~5초 정도 참고 잠시 정지한다.

셋째, 수축하는 느낌으로 배를 천천히 넣으면서 숨을 치아 사이로 조금씩 끊어서 내쉰다.

복식호흡법을 시행할 때 복부 모양을 많이 신경 쓰지 않아도 된다. 자칫 지나치게 숨을 들이마시고 내쉬며 배를 부풀리려고 무리하다 보면 머리가 멍해지는 증상을 느끼게 되어 편안한 상태에서 복식호흡을 연습하기가 힘들다.

복식호흡을 처음 연습할 때는 생각처럼 자연스럽게 되지 않는 경우가 많다. 이럴 때는 먼저 평평한 바닥에 누워 연습을 하면 쉽고 자연스럽게 복식호흡이 이루어지는 것을 느낄 수 있다. 이후 복식호흡법이 순서대로 진행되면 다음에는 앉아서, 그다음에는 서서 연습을 하는 방식으로 변화하면서 자연스럽게 복식호흡에 익숙해지면 된다. 만약 서서 복식호흡법을 연습할 때는 앉아서 할 때와 같은 방법이지만 서 있을 때의 다리 위치는 어깨너비 정도로 벌리고, 무게 중심은 양쪽 엄지발가락 쪽에 둔다는 느낌으로 하면 좋다.

이렇게 복식호흡은 신체의 순환을 원활하게 하고, 깊고, 탄탄하고, 신뢰감을 주는 목소리로 스피치를 할 수 있게 하며, 무대 공포증을 느낄 때나 중요한 면접을 앞두고 불안감을 느낄 때 등 일상생활에서도 많은 도움을 받을 수 있다.

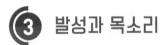 ③ 발성과 목소리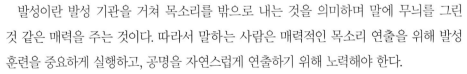

발성이란 발성 기관을 거쳐 목소리를 밖으로 내는 것을 의미하며 말에 무늬를 그린 것 같은 매력을 주는 것이다. 따라서 말하는 사람은 매력적인 목소리 연출을 위해 발성 훈련을 중요하게 실행하고, 공명을 자연스럽게 연출하기 위해 노력해야 한다.

발성은 자신만의 독특한 목소리 또는 목소리를 내는 것으로서 우리의 대화를 구성하는 기본 요인이며, 대화에 이미지를 부여하는 것과 같다. 우리가 음악을 즐기기 위해 스피커의 품질과 배치에 신경을 쓰는 것과 같이 발성을 어떻게 하는가에 따라 이야기를 듣는 사람이 말에 부여하는 의미와 재미, 집중도가 달라진다.

이처럼 대화에서 발성은 말하는 사람의 자신감과 대화 내용에 대한 확신을 전달하는데 매우 중요하다. 따라서 말에 강력한 힘과 의미를 부여하고 싶은 사람이라면 기본적으로 발성 훈련을 통하여 목소리를 조절하는 능력을 갖추어야 한다.

① 발성과 공명

공명(resonance)이란, 호흡하면서 숨을 들이마셔 공기를 허파에 저장하였다가 다시 공기를 내뱉으면서 성대로 통과시킬 때 성대를 진동시켜 만드는 소리를 의미한다. 즉, 공명은 소리의 떨림이나 울림을 말한다. 좋은 목소리를 가지는 방법 중 하나는 공명을 활용하여 발성하는 것이다. 공명을 잘 활용한 목소리는 맑고 선명하게 들려서 말을 듣는 사람들에게 보다 감성적이거나 설득력 있는 목소리로 인식되게 한다.

발성에서 공명은 목소리를 증폭하는 효과를 가진다고 이해하면 된다. 다시 말해 성대를 통해 나오는 매우 작은 소리를 공명을 이용하여 크게 확대하는 방법이다. 대중가수 혹은 성악가는 이와 같은 공명을 잘 이용하는 것으로 알려져 있다.

이들은 소리를 낼 때, 입을 통해 밖으로 내지르는 것이 아니라 입을 크게 벌리고 입천장의 경구개 부분이 울리도록 소리를 낸다. 이 원리는 입이 동굴과 같은 역할을 하기에 입을 크게 벌려 큰 동굴이라 생각하고 천장을 향해 소리를 내면서 더 큰 울림의 소리가 난다. 비성과 두성을 적절히 섞어서 발성하면 듣기 좋은 소리를 낼 수 있다.

② 공명 연습

다음과 같이 공명 연습을 실행해보자.

첫째, 손을 입 앞쪽에 두고 '음~' 또는 '아~'라고 소리를 낸다. 이때 시간은 5초로 한다.

둘째, 입과 코 앞쪽에서 느껴지는 떨림을 확인한다.

셋째, 5회 정도 반복해 발성한다.

넷째, 다시 '음~' 또는 '아~'를 낮은 음, 중간 음, 높은 음으로 반복하면서 10회 정도 연습한다.

다섯째, '으흠~ 원, 으흠~ 투, 으흠~ 쓰리' 등으로 연습해본다. 이때 시간은 10초로 늘인다.

여섯째, 문장으로 공명을 연습한다.

10월의 어느 멋진 날에

김동규

음~~ 눈~~을~~ 뜨~~기~~ 힘~~든~~

음~~ 가~~을~~보~~다~~ 높~~은~~

음~~ 저~~하~~늘~~이~~ 기~~분~~ 좋~~아~~

음~~ 휴~~일~~ 아~~침~~이~~면~~

음~~ 나~~를~~ 깨~~운~~ 전~~화~~

음~~ 오~~늘~~은~~ 어~~디~~서~~ 무~~얼~~할~~까~~

음~~ 창~~밖~~에~~ 앉~~은~~ 바~~람~~ 한~~ 점~~에~~도~~

음~~ 사~~랑~~은~~ 가~~득~~한~~걸~~

음~~ 널~~ 만~~난~~ 세~~상~~

음~~ 더~~는~~ 소~~원~~ 없~~어~~

음~~ 바~~램~~은~~ 죄~~가~~ 될~~ 테~~니~~까~~

🚨 자신이 희망하는 노래 또는 시를 통해 공명을 연습해보자!

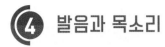 발음과 목소리

발성 연습을 마쳤다면 우리는 이제 보다 명확한 의사전달을 위해 발음을 신경 써야 할 단계이다. 수업시간 학생들에게 발표를 할 기회가 있을 때 발성은 좋으나 발음이 좋지 못한 학생들이나 지역 사투리를 사용하여 한글의 자음과 모음이 정확하게 전달되지 못해 발표 점수가 좋지 못한 경우가 많다. 학생들은 발표 준비를 성실하게 했지만 실제로 발표 내용을 듣는 사람들에게 명확하게 전달이 되지 않는다면 이 발표는 성공적이라고 할 수 없을 것이다.

우리말은 자음 19개와 모음 21개가 조합되어 단어로 만들어지며, 이때 자음은 모음의 도움을 받아 소리를 낼 수 있다. 또한 각 단어마다 높고 낮음, 발음 길이의 길고 짧음에 따라 다른 의미로 사용되기도 한다.

1 올바른 표준 발음법

❶ 한글 자음 발음법

ㄱ	기역	ㅆ	쌍시옷
ㄲ	쌍기역	ㅇ	이응
ㄴ	니은	ㅈ	지읒
ㄷ	디귿	ㅉ	쌍지읒
ㄸ	쌍디귿	ㅊ	치읓
ㄹ	리을	ㅋ	키읔
ㅁ	미음	ㅌ	티읕
ㅂ	비읍	ㅍ	피읖
ㅃ	쌍비읍	ㅎ	히읗
ㅅ	시옷	'ㅣ+ㅡ'규칙	

❷ 한글 모음 발음법

ㅏ	아	ㅚ	외
ㅐ	애	ㅜ	우
ㅓ	어	ㅟ	위
ㅔ	에	ㅡ	으
ㅗ	오	ㅣ	이
ㅑ	야	ㅛ	요
ㅒ	얘	ㅝ	워
ㅕ	여	ㅞ	웨
ㅖ	예	ㅠ	유
ㅘ	와	ㅢ	의
ㅙ	왜		

② 기본 발음 연습법

가	나	다	라	마	바	사	아	자	차	카	타	파	하
야	냐	댜	랴	먀	뱌	샤	야	쟈	챠	캬	탸	퍄	햐
거	너	더	러	머	버	서	어	저	처	커	터	퍼	허
겨	녀	뎌	려	며	벼	셔	여	져	쳐	켜	텨	펴	혀
고	노	도	로	모	보	소	오	조	초	코	토	포	호
교	뇨	됴	료	묘	뵤	쇼	요	죠	쵸	쿄	툐	표	효
구	누	두	루	무	부	수	우	주	추	쿠	투	푸	후
규	뉴	듀	류	뮤	뷰	슈	유	쥬	츄	큐	튜	퓨	휴
그	느	드	르	므	브	스	으	즈	츠	크	트	프	흐
기	니	디	리	미	비	시	이	지	치	키	티	피	히

❸ 응용 발음 연습법

💡 정확한 발음에 도전해보자!

목소리의 높이를 '최저음 → 저음 → 고음 → 최고음' 그리고 목소리의 속도를 '천천히 → 중간 속도 → 빠르게'의 방법으로 나누어 반복 연습해보는 것이 좋다.

- 봄 꿀밤 단 꿀밤, 가을 꿀밤 안 단 꿀밤

- 이분이 박 법학박사이고, 저분은 백 법학박사이다.

- 한양 양장점 옆 한영 양장점, 한영 양장점 옆 한양 양장점

- 내가 그린 그림은 새털구름 그린 그림이고, 네가 그린 구름 그림은 뭉게구름 그린 그림이다.

- 멍멍이네 꿀꿀이는 멍멍해도 꿀꿀하고, 꿀꿀이네 멍멍이는 꿀꿀해도 멍멍하네

- 된장공장 주방장과 김공장 주방장은 곽 주방장이고, 마늘공장 주방장과 파공장 주방장은 왕 주방장이다.

- 건넛마을 김 부자댁 시렁 위에 얹힌 푸른 청정 조좁쌀은 쓸은 푸른 청정 조좁쌀이냐 안 쓸은 푸른 청정 조좁쌀이냐, 아니면 푸른 청정 조좁쌀이냐.

- 대관령 대궐의 대들보는 대둔산에서 데릴사위가 갖고 왔고 대웅전 대리석은 막 데뷔한 국회의원의 보좌관의 데릴사위가 지고 왔다.

- 안 촉촉한 초코칩 나라에 살던 안 촉촉한 초코칩이 촉촉한 초코칩 나라의 촉촉한 초코칩을 보고 촉촉한 초코칩이 되고 싶어서 촉촉한 초코칩 나라에 갔는데 촉촉한 초코칩 나라의 문지기가 '넌 촉촉한 초코칩이 아니고 안 촉촉한 초코칩이니까 안 촉촉한 초코칩 나라에서 살아'라고 해서 안 촉촉한 초코칩은 안 촉촉한 초코칩 나라로 돌아갔습니다.

- 기내방송

　손님 여러분↑, 태국 방콕까지 가는↓ 경남항공 522편 잠시 후에↑ 출발하겠습니다↓. 출발을 위해↑ 좌석벨트를 매주시고↓, 등받이와 테이블을↑ 제자리로 해주십시오↓. 갖고 계신 짐은↑ 앞 좌석 아래나↓ 선반 속에↑ 보관해주시기 바랍니다↓. 감사합니다↓.

- 날씨예보

　호남지방과 제:주도 지역에 호우주의보가 내려진 가운데/ 앞으로 최:고 80밀리의 비가 더 내리겠습니다. 기상청은 기압골의 영:향으로/ 천둥번개를 동:반한 장대기가 내리고 있는 남해안과 제주도는/ 앞으로 30밀리에서 최:고 80밀리 이:상의 비가 내리겠고, 남부지방에도 10밀리에서 40밀리의 비가 내리겠다고 예:보했습니다. 강원도와 충청도에도/ 5: 내지 2:0밀리의 비가 온 뒤: 오후 늦게 개:겠고/ 서울과 중부지방에도 오전에 개겠으며, 낮 기온은 32:도가량 되겠습니다.

- 교통정보

　57:분 교:통정:보입니다.// 수도권 국도에서는 45:번 국도 온양에서 평택 쪽으로 응봉 3거리에서/ 도로포장 공사를 하고 있어서 정:체되고 있고,/ 경:수산업도로 서울 쪽으로 안양육교부터 시흥시계 쪽:으로 밀리고 있습니다.//

　과:천에서 남태령 쪽으로도 관문4거리에서 지:체되고 있습니다.// 강:변북로는 광장동 쪽으로 원:효대:교부터 동작대교 사이/ 그리고 잠:실대교부터 올림픽대교 사이에서 정체되고 있고,/ 난지도 쪽으로는 천:호대교부터 잠실대교 사이에서 정체되고 있습니다.// 삼성동 강남병원 뒤:에서 올림픽대로 공항 쪽으로 진입이 통:제되면서/ 삼성동 주변의 정체가 아주 심:합니다.// 지금까지 교:통정:보였습니다.//

- 스스로 작성한 내용을 발표해보자.

Chapter 11
커뮤니케이션 이미지

학습목표

- 커뮤니케이션의 요소와 유형을 이해하고 설명할 수 있다.
- 자신의 커뮤니케이션 방법을 진단할 수 있다.
- 칭찬하는 방법을 이해하고 실습할 수 있다.

Chapter
11

커뮤니케이션 이미지

① 커뮤니케이션의 개념

커뮤니케이션(communication)은 인간의 삶에서 반드시 필요한 활동이다. 커뮤니케이션은 우리말로 '의사소통'으로 해석할 수 있으며, 인간은 다른 동물에 비해 매우 뛰어난 커뮤니케이션 기술을 가지고 태어났고, 원한다면 누구나 커뮤니케이션을 더욱 많이, 더욱 잘하고자 하는 욕구를 가지게 된다. 그러나 커뮤니케이션은 말처럼 그렇게 쉽거나 단순하지 않다.

이렇듯 커뮤니케이션은 우리 삶에서 매우 중요한 부분이며 여러 사람과 일상생활을 유지하는 수단이라고 할 수 있다. 회사와 가정에서 이루어지는 사회생활에서 매우 중요한 인간관계 역시 여러 가지 커뮤니케이션으로 이루어지기 때문이다.

우리가 일반적으로 사용하는 커뮤니케이션(communication)의 어원은 '공통되는(common)' 또는 '공유하다(share)'라는 뜻의 라틴어인 'communis'에서 유래한 것으로(파생단어 가운데에는 '공동체'를 의미하는 'community'가 있다), 커뮤니케이션은 절대로 혼자 할 수 있는 행위가 아니며, 항상 누군가와 나누는 행위라는 것을 알 수 있다. 커뮤니케이션을 활용하지 않는 공동체 그리고 공동체 없는 커뮤니케이션은 상상할 수 없다는 뜻이기도 하다.

커뮤니케이션을 '인간관계가 존재하고 발전하는 메커니즘'이라고 설명한 사회학자 찰

스 쿨리(Charles Cooley)는 인간은 커뮤니케이션을 실행하면서 사람들과 사회적 관계를 만들고 발전해왔으며, 이것이 더욱 확대되어 우리가 알고 있는 세계의 여러 가지 역사와 문화로 이어지는 것이라고 주장하였다.

 커뮤니케이션의 요소

1 송수신자

일반적으로 커뮤니케이션의 기본 형식은 2명의 사람으로 구성된 송수신자(sender와 receiver) 또는 2명 이상의 사람들이라 할 수 있다. 다른 사람에게 전달하고자 하는 의미를 나의 말을 듣는 사람이 정확하게 이해할 때 (또는 이야기를 듣는 상대방에게 전달하고자 하는 의미를 내가 알아차렸을 때) 커뮤니케이션이 성립된다고 한다. 이렇듯 주체자는 '나'이지만 상대방의 관심이나 참여가 없다면 커뮤니케이션은 무의미해진다.

그러나 다른 사람과 생각이나 감정을 공유하는 일은 일방향 형식으로 일어나지 않는다. 누군가와 이야기할 때 상대방의 이야기를 듣고 나의 생각을 나누거나 궁금한 부분이 생기는 것, 그리고 계속해서 그 사람과 이야기를 나누고 싶은 마음이 드는 것을 캔터베리 효과(canterbury effect), 즉 자연스러운 커뮤니케이션의 과정이라고 할 수 있다. 이처럼 올바른 커뮤니케이션은 상대방과 자연스럽게 상호작용(interaction)하는 것이 중요하다.

2 메시지

우리가 여러 사람과 이야기하면서 커뮤니케이션할 때 서로 주고받는 것이 바로 '메시지(messages)'이다. 메시지는 다른 말로 상대방을 이해시키기 위해 노력하는 태도 또는 의도에서 생기는 신호라고 할 수 있다. 그러나 우리가 다른 사람과 대화할 때 만들어내는 메시지는 한 가지 종류만이 아니며 반드시 언어를 통해 일어나는 것이 아니다.

당연히 같은 언어를 사용하는 대화가 가장 편하고 쉬운 방식이지만, 우리가 가진 몸의 언어, 즉 비언어 커뮤니케이션인 손 모양이나 발 모양, 얼굴 표정 등을 긍정적이고 적극적으로 활용하여 메시지를 구성하거나 전달할 수 있다. 이는 사람들이 자신의 목소리를 활용하여 말의 내용으로 메시지를 구성하거나, 비언어 커뮤니케이션 방식인 몸을 이용해서 메시지를 구성하고 전달하는 능력을 가졌기 때문에 가능한 일일 것이다. 이처럼 문자 또는 그림, 상징적인 부호 등도 우리가 다른 사람들과 이야기를 나눌 때 매우 훌륭한 커뮤니케이션 수단이 될 수 있다.

③ 채널

채널(channels)이란, 우리가 타인과 이야기를 나눌 때 전달하는 메시지가 이동하는 통로를 의미하는 것으로, 다른 말로 송신자가 수신자에게 자신의 메시지를 전달하게 만드는 방법이라 할 수 있다. 면 대 면(face-to-face) 커뮤니케이션 상황에서 우리에게 보이는 시간적인 부분과 음성으로 전달되는 청각적인 부분이 주요한 채널이다. 현대사회에서 자주 보이는 매스 커뮤니케이션 상황에서는 우리에게 보다 익숙한 다양한 채널의 모습을 볼 수 있는데, 일반적으로 TV, 라디오, 신문, 잡지와 같은 매스미디어의 방식이 바로 그것이다.

④ 피드백

피드백(feedback)이란 이야기를 전달하는 송신자와 메시지를 전달받는 수신자가 서로에게 반응하는 것을 의미한다. 만약 누군가가 나에게 재미있는 이야기를 하거나, 농담을 할 때 자연스럽게 생기는 미소나 웃음이 바로 피드백이라 할 수 있다. 우리는 하루 동안에도 서로에게 수없이 메시지를 전달하고 이것에 대한 피드백을 제공하면서 살아가고 있다.

이렇듯 피드백이란 우리가 다른 사람들과 커뮤니케이션을 할 때 대화를 즐길 수 있도록 촉진하는 활력소가 되며, 올바른 피드백을 제공할 때 우리는 다른 사람들과 더욱 적극적으로 커뮤니케이션을 하고 싶다는 감정을 느끼게 될 것이다.

⑤ 잡음

잡음(noise)이란, 송신자가 수신자와 대화할 때 전달하는 메시지를 정확하게 이해하는 데 방해가 되는 요인을 의미한다. 이것은 송신자와 수신자 사이에서 발생하는 물리적, 심리적, 의미적 잡음으로 나누어 이해할 수 있다.

첫째, 물리적 잡음이란 송신자와 수신자의 대화가 이루어지는 공간이 외부일 경우에 발생하는 물리적 잡음이다. 예를 들어, 보통 외부 공사장에서 발생하는 소리, 복도에서 발생하는 소리가 대화의 메시지를 정확하게 인식하지 못하게 하는 요인으로 작용하는 것이다.

둘째, 심리적 잡음이란 송신자와 수신자가 대화할 때 자신의 마음속에 생기는 잡념과 같은 것이다. 예를 들어, 수업시간에 배가 너무 고파서 수업시간 이후 먹을 음식을 생각하느라 수업 내용에 집중하지 못하는 경우가 있다. 이처럼 대화에 참여하는 대상자들이 커뮤니케이션 행위에 집중하지 못하는 심리적 상황을 말한다.

셋째, 의미적 잡음이란 대화에 참여하는 송신자와 수신자가 대화에서 전달되고 있는 메시지의 의미를 전혀 이해하고 있지 않아서 발생하는 커뮤니케이션의 문제를 말한다. 예를 들어, 대화에 참여하는 사람들 중 한 사람이 항공용어나 보험사에서 사용하는 전문용어를 사용하는 등 대화에 참여하는 사람들이 일반적으로 이해할 수 없는 용어 또는 표현으로 대화를 이어가거나, 외국어를 사용하는 등의 커뮤니케이션 방식으로 발생하는 잡음이다.

어떤 사람이 사용하는 특정 단어에 부정적인 감정으로 대응해 커뮤니케이션의 문제가 생기는 것 또한 의미적 잡음이라 할 수 있다. 예를 들어, 누군가 사용하는 욕설이나 대상을 폄하하는 단어 또는 표현, 즉 인종·성 차별적 언어를 사용하는 사람을 볼 때 단정적으로 나쁘게 인식하고 그 사람이 전달하는 메시지에 집중하지 않게 되는 것도 의미적 잡음이라 할 수 있다.

6 세팅

세팅(setting)이란 송신자와 수신자의 대화가 이루어지는 커뮤니케이션 공간을 의미하며 때때로 커뮤니케이션에 주요한 영향을 미치는 요인으로 작용한다. 예를 들어, 커뮤니케이션이 이루어지는 강당이라는 장소는 연설이나 강연과 같은 공적인 내용을 전달할 때 사용하기에 적합한 세팅이지만, 개인적 고민거리, 나의 옛사랑 이야기와 같은 사적인 대화를 하기 위한 세팅으로 선택하기에는 무리가 있다. 따라서 우리는 커뮤니케이션의 내용, 대상, 중요도에 따라 적합한 세팅을 선택하는 데 신경을 써야 할 필요가 있다.

3 커뮤니케이션의 유형

1 자기 내면의 커뮤니케이션

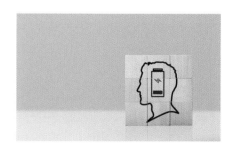

자기 내면의 커뮤니케이션(intrapersonal communication)이란, 대화를 하는 주체자인 사람이 송신자인 동시에 수신자의 역할을 하는 것이다. 즉, 자신의 마음속에서 질문과 답을 주고받는 형식의 내면의 대화를 말하는 것으로, 메시지는 자신의 생각과 감정으로 만들어지고, 자기 내면의 커뮤니케이션에서 채널은 뇌가 되는 것이다.

자기 내면의 커뮤니케이션은 다른 사람과 상호작용 또는 의견을 나누는 것은 아니지만, 스스로에게 매우 중요한 것으로, 내면의 자신과 자주 이야기할수록 내가 진정으로 원하는 것은 무엇이고, 무엇에 기쁨, 분노 등과 같은 감정이 나타나는지 잘 이해할 수 있도록 한다. 또한 자신과의 빈번한 대화를 통해 자신을 긍정적으로 바라보는 방법을 찾고, 슬픔과 분노를 느끼는 부정적인 상황이 생기더라도 감정에서 쉽게 빠져나올 수 있도록 도움을 준다.

② 두 사람 간의 커뮤니케이션

두 사람 간의 커뮤니케이션(interpersonal communication)이란, 우리가 일상생활에서 의견을 나누거나, 대화를 할 때 나타나는 형식으로 보통 대화의 송신자인 '나'와 수신자인 '너'를 중심으로 하는 커뮤니케이션 방식이다. 이것은 모든 커뮤니케이션의 기본 형식이라 할 수 있다.

두 사람 간의 커뮤니케이션은 비공식적인 형식이며, 어떠한 구조가 형성되지 않은 자유로운 방식의 대화에서 나타난다. 예를 들어, 오랜만에 친한 고등학교 동창을 길에서 만났다고 가정했을 때, 송신자인 '나'와 수신자인 '동창생'은 편한 자세와 말투로 그동안 자신들에게 일어났던 일에 대해 이야기하고 서로의 언어와 비언어적 방식을 통해 메시지를 전달할 것이다. 또한 이때 주로 시각과 음성을 채널로 사용하여 커뮤니케이션하는 동안 매우 많은 피드백을 발생시킬 것이다.

이때 두 사람 간의 커뮤니케이션에서는 상대방과 근거리에서 서로 대화를 이루어나가는 형식으로서 물리적 잡음이나 심리적 잡음이 거의 발생하지 않으며, 전달하고자 하는 메시지가 변질 없이 제공되고 이것이 원래의 의미대로 전달되었는지 대화 중간중간 확인할 수 있다.

③ 작은 집단 커뮤니케이션

작은 집단 커뮤니케이션(small-group communication)은 3인부터 10인 또는 최대 15인 사이에서 일어나는 것으로, 작은 집단 활동은 인간의 자연스러운 사회 활동에서 자주 볼 수 있다. 오래전 원시시대부터 인간들은 야생동물로부터 서로를 보호하거나, 농경 등 생활을 이어가기 위해 작은 집단 활동에 참여했다. 작은 집단을 이루어 생활하는 것은 위험한 상황에서 생존하는 데 도움이 되기도 하지만 현대사회에서는 함께 게임이나 스포츠 등을 즐기는 데 함께함으로써 큰 재미와 기쁨을 가질 수 있다. 쇼(M. Shaw)는 작은 집단에서 이루어지는 커뮤니케이션을 세 가지 형태로 분류하여 설명하고 있다.

첫째, 집단 구성원들 사이에서 사슬 모양의 릴레이식으로 커뮤니케이션이 이어지는 방식이다. 이러한 형식은 조직 내에서 높은 지위나 연령이 높은 구성원이 그다음 구성

원에게 그리고 다음 단계의 구성원을 향해 커뮤니케이션하면서 전달되는 커뮤니케이션 모습이 나타난다.

둘째, 집단 구성원 중 한 사람과 나머지 구성원이 커뮤니케이션하는 방식으로 수레바퀴 형태의 커뮤니케이션이라 한다. 이러한 형태는 커뮤니케이션의 중심인 한 사람을 중심으로 모든 의견이나 지시가 전달되며, 나머지 집단 구성원들 간 커뮤니케이션 또한 중심의 한 사람에게 전달되고, 거쳐서 일어나는 특징이 있다.

셋째, 집단 구성원들 모두가 자유롭고 동등한 위치에서 커뮤니케이션을 실행하는 개방적인 모습의 커뮤니케이션 방식으로, 집단 내에 특정한 리더가 없는 경우에 자주 나타난다.

④ 조직 내의 커뮤니케이션

조직 내의 커뮤니케이션(organizational communication)은 작은 집단 커뮤니케이션 참여자보다 커뮤니케이션에 참여하는 사람의 자격이나 참석 가능 여부의 경계가 보다 뚜렷한 특징이 있다. 조직 내의 커뮤니케이션은 작은 집단 커뮤니케이션보다 참여자의 직위 또는 연령 사이에 높고 낮음의 종적인 인간관계를 나타내며, 커뮤니케이션 안에서 조직 내의 관계도가 보다 뚜렷하게 나타난다. 이러한 이유로 조직 내의 커뮤니케이션에서는 자연스럽게 조직 내의 중요한 정보 또는 권력이 한쪽으로 쏠려서 나타나는 현상이 종종 보이기도 한다. 조직 내의 커뮤니케이션은 보통 업무를 함께하기 위한 목적으로 이루어지기 때문에 공식적이면서, 생명력이 지속되는 특징이 있다.

⑤ 공중 커뮤니케이션

공중 커뮤니케이션(public communication)은 커뮤니케이션의 중심인 화자는 한 명이지만, 그의 이야기를 듣는 청자는 여러 명인 경우에서 나타나는 커뮤니케이션 방식을 말한다. 일반적으로 이러한 종류의 커뮤니케이션을 '공공 스피치(public speech)' 또는 '공공 연설'이라고 말한다. 이러한 방식의 커뮤니케이션은 이야기를 듣는 사람이 많을 경우에 한시적으로 조직화된 메시지를 전달한다는 점에서 이전에 제시한 커뮤니케이션의 방식과

차별성을 가진다.

일반적으로 공중 커뮤니케이션은 학교에서 선생님이 학생들에게 수업을 하는 상황이나 학생이 수업에서 자신이 준비한 내용을 선생님과 다른 친구들에게 발표하는 상황, 기업인이나 정치인이 신제품을 설명하거나 자신의 정치 목적을 달성하기 위해 여

Getty Images

러 사람 앞에서 이야기를 하는 상황이 그 예가 될 수 있다.

 **경청하기**

영국의 정치가이자, 수상직을 4차례 역임한 경력이 있는 윌리엄 글래드 스턴의 일화를 들어보자.

> 당대 유명한 남자 두 명과 여성 한 명이 데이트를 하게 되었다. 호기심이 가득한 친구들은 여성에게 두 남자를 비교해서 어떤 느낌을 받았는지 물어보았다.
>
> "글래드 스턴은 날 극장에 데려갔어. 그리고 헤어질 때쯤 난 느꼈지. 그 사람이 세상에서 가장 세심하고 똑똑하며 매력적이라는 사실을 말야."
>
> 친구들이 다른 남자는 어땠는지 다시 물었다.
>
> "약간의 차이가 있지. 다른 남자 역시 날 오페라에 데리고 갔어. 그리고 헤어질 때쯤 나는 느꼈지. 내가 세상에서 가장 세심하고 똑똑하며 매력적이라는 사실을 말야."

두 남자에 대한 여자의 평가가 이렇게 다른 이유는 무엇일까? 그것은 바로 듣기의 기술이다. 듣기는 인간이 타인에게서 인정받고 싶어 하는 마음 중 가장 큰 것이며, 타인에게 '칭찬받고 싶다', '관심받고 싶다', '중요한 사람이고 싶다'는 마음의 본성을 채워주기에 매우 중요한 것이라고 할 수 있다.

즉, 자신이 타인으로부터 인정받고 있
다는 것과 중요한 사람이라는 것을 느
끼게 만들기 위해서는 상대의 말을 듣
기만 하는 것이 아니라 상대방이 전달
하고자 하는 말의 내용이 무엇인지 파
악하고, 내면에 깔려 있는 정서 또는 목

적을 파악하여 적절한 피드백을 하는 것이다.

이렇듯 우리 모두 대화를 할 때 경청, 즉 상대방의 이야기를 듣는 것이 중요하다는 사실을 알고 있지만 실제로는 매우 힘들거나 잘하지 못한다. 그 이유가 무엇일까? 우리가 대화에서 경청의 기술을 사용하지 못하는 이유는 다음과 같다.

첫째, 사람의 감각기관은 원래 대화를 듣는 시간은 길게 느끼고 말하는 시간은 짧게 느낀다. 이러한 이유로 대체로 사람들은 말하는 것을 듣는 것보다 더욱 즐기고 좋아하며, 이러한 감각의 차이를 통해 자신이 생각하는 것보다 자신의 이야기를 상대방에게 오래 전달하므로 상대방을 지겁게 만드는 것이다.

둘째, 상대방과 대화할 때 사람들은 상대의 질문에 대한 답을 생각하거나 상대의 말속에서 자신이 이해하지 못한 부분에 대해 질문을 준비하는 등 상대의 이야기에 집중하지 못하는 태도가 있기 때문이다. 이러한 태도를 통해 상대방이 이야기를 끝내지 않은 상황에서도 자신이 준비한 질문이나 답을 말함으로써 상대의 말을 끊는 실수를 저지르게 된다.

셋째, 우리는 대화할 때 자신의 생각이나 가치관을 바탕으로 상대방이 요구하지도 않은 상황에서 조언 또는 잔소리를 하려고 한다. 이러한 태도는 특히 회사 선배와 후배, 상사와 부하 그리고 부모와 자식 관계에서 자주 나타나는 것으로 대화에서 경청을 힘들게 하는 요인이라 할 수 있다. 이러한 태도를 고치기 위해서 어떠한 관계에서는 내가 상대방보다 더 우월하다는 마음이나 상대보다 지식이나 기술이 더욱 뛰어나다는 우월감을 가지고 대화에 참여하는 것을 조심해야 한다.

커뮤니케이션 시 나의 행동에 어떠한 문제점이 있는지 확인해보자.

 각 문항을 읽고 자신의 대화 습관이나 언행에 비추어 객관적으로 평가해보시오.

커뮤니케이션 행동 자가진단

1. 전혀 아니다. 2. 아니다. 3. 보통이다. 4. 그렇다. 5. 정말 그렇다.

No	문항 내용	1	2	3	4	5
1	상대방의 이야기가 끝날 때까지 잘 듣는다.					
2	상대방과 의견이 일치하지 않는 경우 상대방을 설득하기 위해 노력한다.					
3	대화 중 팔짱을 끼거나 등을 의자에 기대고 이야기를 듣는다.					
4	상대방의 의견을 듣는 동안 집중하고 메모한다.					
5	대화할 때 의견을 먼저 제시하는 편이다.					
6	의견에 대한 평가나 부정적 피드백에 바로 반응한다.					
7	대화할 때 상대방의 눈이나 얼굴을 바라보며 이야기한다.					
8	상대방의 말에 관심이나 재미가 없더라도 집중한다.					
9	대화를 할 때 고개를 자주 끄덕인다.					
10	상대방의 의견을 이해하기 전까지 자신의 의견을 제시하지 않는다.					
11	대화가 길어지면 자신의 말을 많이 하는 편이다.					
12	상대방 말에서 논리상의 오류나 허점을 찾으려고 한다.					
13	대화 중 스마트폰을 보거나 문자를 확인한다.					
14	대화 중 '아', '응! 그렇구나'의 말을 자주한다.					
15	질문을 통해 상대방의 의견을 묻고, 자신이 정확하게 이해했는지 확인한다.					
16	상대방의 의견에 맞장구친다.					
17	상대방의 말을 간단히 반복하거나 요약해서 확인한다.					
18	대화 중 상대방의 말을 자르고 이야기한다.					
19	대화 중 평가, 조언, 충고의 내용이 많다.					
20	대화 중 상대방의 말에서 핵심을 파악하려고 한다.					

위의 평가항목 이외에 '꼭 고쳤으면 좋겠다' 또는 '주의하면 좋겠다'라고 생각하는 부분을 작성하시오.

⑤ 칭찬하기

우리는 일반적으로 칭찬은 반드시 무엇인가 근사하고 큰일을 해냈을 때 하는 것이라고 생각한다. 그러나 사실은 그렇지 않다. 성실하게 하루 일상을 보내고, 나에게 주어진 일을 기한 내에 마치고, 친구 또는 동료들과 문제없이 잘 어울리고, 타인에게 상처를 주지 않는 등의 아주 사소하고 당연해 보이는 일에도 서로를 칭찬할 수 있다. 따라서 우리는 타인의 행동을 긍정적으로 바라보고 사소한 것에도 진심 어린 마음으로 칭찬하는 습관을 가져야 한다. 칭찬을 하는 방법에는 다음의 몇 가지 기술이 있다.

첫째, 구체적으로 칭찬한다.

우리가 다른 사람을 칭찬할 때 막연하게 "멋져요", "최고예요"라고 한다면 칭찬을 듣는 사람은 자신의 무엇을 칭찬하고 있는지 모를 수도 있다. 자신이 왜 칭찬을 받는지 정확히 알아야 그 일에 대해 기뻐하고 자부심을 느끼며, 그러한 행동을 계속하려는 노력도 하게 된다. 따라서 "저의 서류까지 챙겨주셨네요. 감사합니다. ○○○ 씨는 항상 다른 사람을 먼저 배려해주시는군요", "○○○ 씨의 위로를 받으니 힘들었던 마음이 조금 위로가 됩니다. 항상 저에게 응원과 관심 가져주셔서 감사합니다"라고 말해주는 것이 보다 바람직한 칭찬법이라 할 수 있다.

둘째, 행동 과정을 칭찬한다.

함께 일하는 동료 또는 후배가 나와의 업무 약속을 지켰을 때 결과만을 가지고 칭찬하는 것이 아니라 동료 또는 후배가 업무 약속을 지키기 위해 노력한 사실을 칭찬하는 것이 좋다. 실제로 업무를 하다 보면 서로의 업무 약속이 제시간에 지켜지지 않는 경우도 많다. 하지만 업무 약속을 지키기 위한 동료 또는 후배의 노력을 칭찬하는 경우 상대방은 앞으로도 같은 방식으로 계속 시간에 맞추어 일을 잘하기 위해 노력할 것이다. 이것이 바로 회사 생활을 함께하는 동료 또는 후배에게 하는 적절한 칭찬이다.

셋째, 평가는 하지 않는다.

함께 일하는 동료 또는 후배에게 칭찬할 때 "○○○ 씨 서류 작업 참 잘했어"의 방식처럼 옳고 그름을 염두에 둔 칭찬은 올바른 방법이라 할 수 없다. 동료 또는 후배를 칭찬할 때 이런 식의 칭찬을 자주하면 자신의 행동에 대한 동료 또는 선배의 판단기준을 의식하여 눈치를 살피게 된다. 따라서 보고서를 작성한 동료 또는 후배에게 "잘했어"라는 칭찬의 말보다는 "지난번보다 보고서가 훨씬 체계적이라 읽기에 편하고 좋아"라고 말해주는 것이 좋다.

넷째, 약점을 장점으로 인식한다.

우리가 회사 생활을 할 때 함께 일하는 동료 또는 후배의 행동을 이해하지 못하거나 화가 나는 경우가 종종 발생한다. 이때 그들의 행동을 '예의가 없다', '회사 생활을 못한다', '바로잡아줘야 한다'는 식의 부정적인 시선으로 바라보지 말아야 한다. 만약 '○○○ 씨는 동료 또는 선배에 대한 예의가 없는 사람', '○○○ 씨는 회사 생활에 기본이 부족한 사람'이라고 단정해버리면 함께 일하는 동료 또는 선배를 먼저 배려하고 예의 있게 행동할 때는 눈에 들어오지 않고 부정적인 행동을 할 때만 눈에 들어오게 된다. 따라서 함께 일하는 동료 또는 후배를 항상 긍정적인 시선으로 바라보려고 노력한다면 칭찬할 일을 더욱 많이 발견하게 될 것이다.

Chapter **12**
면접 이미지

학습목표

- 면접의 유형과 특징을 설명할 수 있다.

- 성별에 따른 면접 이미지메이킹 요소의 차이점을 논 의할 수 있다.

- 분야별 면접 이미지메이킹 요소를 이해하고, 자신의 취업 희망 분야에 따라 면접복을 연출할 수 있다.

 ① 면 접

면접이란 기업체가 회사에서 일하기를 희망하는 사람을 선발하는 과정이며 지원자의 입장에서는 자신의 취업을 결정하는 과정이라 할 수 있다. 따라서 기업체와 면접자가 만나 서로가 가진 조건이 자신들이 원하는 부분과 일치하는지 확인하는 일종의 상호정보교환의 과정이라 할 수 있다.

따라서 우리가 입사하기를 원하는 기업의 면접에서는 자신을 잘 연출할 수 있는 능력, 다시 말해 기업의 면접관에게 자신을 긍정적으로 기억시킬 수 있는 낙인효과와 면접관의 질문을 올바르게 이해하고, 체계적이고 논리적인 답변을 제공하는 상호 소통의 능력이 반드시 필요하다.

여론조사에 따르면 국내에 소재하는 30대 기업의 전형 절차별 비중에서 67% 이상의 기업이 서류전형과 면접의 비율을 3:7로 배정하고 있으며, 이때 면접자의 당락을 결정하는 요인으로 첫인상이 62.5%로 높게 나타나 취업 면접에서 면접 이미지가 차지하는 비중이 매우 크다는 것을 알 수 있다. 또한 면접 이미지의 준비에서 남성이 느끼는 부담감은 11.3%인 반면 여성은 15.2%로 나타나 남성에 비해 여성 면접자가 느끼는 부담이 3.9% 더 높은 것으로 조사되었다.

이미지 연출은 성별의 구분 없이 매우 부담스러운 것이다. 그러나 면접 이미지는 희망하는 기업의 분위기와 자신이 가지고 있는 이미지의 장점 및 단점을 파악한다면, 노력과 의지를 통해 기업이 이상적으로 생각하는 면접자로 변화할 수 있으니 걱정하지 않아도 된다.

 면접의 유형

기존의 면접방식은 서류면접, 필기시험, 임원면접의 형식이 일반적이었다. 그러나 최근에 기업이 실시하고 있는 면접 형태는 이전 서류전형이나 필기시험에서 확인할 수 없었던 면접자의 다양한 모습을 확인하고, 기업에 적합한 인재인가를 평가하기 위해 시행되고 있다.

1 PT 면접

PT 면접이란, 하나의 주제를 가지고 주어진 시간 이내에 발표 준비를 하고 면접관들 앞에서 발표 후 질의응답의 과정을 거치는 면접 유형이다. PT 면접을 통해 면접관들은 지원자가 주어진 주제에 대해 얼마나 명확하게 이해하고 있는지, 발표 주제를 해결하기 위해 논리적 사고를 가지고 문제에 접근하고 있는지, 문제를 해결하는 방식은 어떠한지, 문제 해결을 위해 팀원들과 어떠한 의사소통방식을 사용하고 있는지 등을 확인하고자 한다.

기업에서 제시하는 PT 면접은 시사상식이나 기업에서 직면한 과제, 직무 관련 지식이 필요한 주제를 제시하고 지원자가 자신의 생각이나 의견을 정리하는 방식과 기업에서 제공하는 정보 또는 자료를 문제의 해결 방법으로 제시하는 방식으로 나누어진다.

유형별 주제를 논리적으로 구성하여 전달하는 방식은 서론, 본론, 결론의 3단 구성법

이 있다. 우선 서론에서는 면접관의 시
선을 이끌어낼 수 있도록 기업이 제시
한 문제의 배경 또는 현 상황 그리고
이와 관련된 이슈에 대해 간략하게 제
시하는 것이 좋다.

이어서 본론에서는 제시된 주제의
원인을 분석한 후 2~3가지 해결방안을
제시하는 것이 좋다. 그러나 이때 주의
해야 할 점은 인터넷을 이용하여 문제
해결방식을 제시하는 것도 좋으나 자신의 생각이 포함되지 않아 발표 이후 면접관의 질
의응답에서 세부적인 내용을 전달하지 못하는 경우가 발생할 수 있다. 따라서 반드시
자신의 의견이 포함된 문제해결방식을 제시하는 것이 좋다. 또한 신문이나 언론에서 제
시한 내용이나 전문 평가 기관이 제시한 내용을 객관적인 근거로 제시하는 것도 면접
관들을 설득하는 데 도움이 된다.

마지막으로 결론은 자신이 이야기한 내용을 전체적으로 간략하게 요약하는 부분으
로 자신이 제시한 해결방안을 시행했을 때 기대할 수 있는 긍정적인 효과에 대해 설명
하고, 마지막으로 자신의 포부가 포함되도록 구성하는 것이 좋다.

PT 면접에서 자신이 전달할 내용을 구성했다면 다음으로 발표 능력이 중요하다. 면
접관들 앞에서 PT를 진행할 때는 다음의 내용을 주의해야 한다.

첫째, 평상시 우리가 대화하는 목소리보다 크고 힘 있게 발성한다.

둘째, 발표 시 여유를 가지고 적당한 속도를 유지해야 한다. 긴장하면 자신도 모르게
말의 속도가 빨라지게 된다. 따라서 발표 중 침이 마르거나, 숨이 차는 느낌이 든다면
자기 스스로 말이 빨라지고 있다는 것을 느끼고, 면접관들이 이해할 수 있는 속도에 맞
추어 조절해야 한다.

셋째, 말의 내용에 따라 톤을 다르게 조절한다. 말의 내용 중 강조할 부분이나, 핵심
이라고 생각하는 부분에서 톤을 높여 면접관에게 효과적으로 전달하기 위해 노력해야

한다. 또한 발표 중 긴장이 되거나, 발표 내용이 완벽하지 못하다는 생각이 들면 자신도 모르게 목소리가 작아지거나 말끝이 흐려지는 경우가 발생한다. 따라서 문장의 끝까지 목소리의 힘이 전달되도록 말해야 한다.

넷째, 모호하거나 불확실한 표현은 쓰지 않는다. 기업에서 우리에게 발표 준비를 위해 제공하는 시간은 면접자가 생각하기에 매우 부족할 것이다. 면접자는 완벽하지 않은 내용으로 발표를 하는 것에 자신감이 매우 떨어질 것이다. 이러한 경우라도 발표 내용 중 '제가 잘 모르지만', '아마도', '많은', '여러 가지 방식으로' 등의 모호한 표현을 사용하여 발표를 진행할 경우 면접관에게 자신감 없는 이미지를 전달할 수 있으므로 주의해야 한다.

다섯째, 발표 시 바른 자세를 유지하고, 시선은 모든 면접관에게 균등하게 전달되도록 한다. 메라비언의 법칙은 미국 캘리포니아대학교 심리학과 교수이자 심리학자인 앨버트 메라비언(Albert Mehrabian)이 발표한 이론으로 우리가 상대방에 대한 감정이나 이미지를 결정할 때 목소리와 같은 청각적 요소는 38%, 보디랭귀지와 같은 시각적 요소는 55%의 영향을 미치는 반면, 우리가 타인에게 전달하는 말의 내용은 겨우 7%만 작용한다는 결과를 제시한 것이다.

이러한 결과는 효과적인 소통에서 타인에게 전달하는 말보다 우리의 자세, 표정과 같은 비언어적 요소인 시각과 목소리의 톤, 크기와 같은 청각에 더 큰 영향을 받으므로, 시각적 요소와 청각적 요소에 더 신경 쓸 필요가 있다는 것을 알려준다. 따라서 발표 시에는 어깨와 등을 곧게 펴고 발의 위치는 11:5 또는 10:10과 같이 자연스럽게 두고 발표 중간에 강조할 부분에서는 산만하지 않고 간결한 몸의 언어를 사용하는 것이 면접관의 기억에 긍정적인 이미지를 남길 것이다.

❷ 토론식 면접

토론식 면접이란, 대체로 5~8명의 면접자를 2개의 조로 나누고 주어진 주제에 대해 정해진 시간 이내에 토론한 후 결과를 제시하는 면접 방식이다. 토론 면접에서 자주 나

타나는 면접 유형은 찬반 토론형식과 토의 토론방식이다. 이때 찬반 토론방식은 적절한 근거와 논리를 통해 상대방을 설득하는 것이 목적이라면 토의 토론방식은 토론에 참여한 다른 참여자를 설득하여 보다 좋은 대안을 찾아가는 것이 목적이라고 할 수 있다. 토론식 면접에서 중요한 부분은 무엇보다도 상대방의 의견을 적극적으로 경청하고, 상대가 제시하는 내용을 배려하고 존중하는 태도를 보이며, 자신의 의견을 논리적으로 제시하는 것이다. 토론식 면접에서 승리하기 위한 방법을 알아보자.

첫째, 토론식 면접에서 자신의 의견을 주장할 때는 반드시 두괄식으로 전달하는 것이 좋다. 토론식 면접은 제한된 시간 이내에 여러 사람의 의견을 듣고, 보다 좋은 방법을 찾아내는 것이 주요한 목적이다. 따라서 내가 제시하는 의견을 정확하게 이해하는 데 오랜 시간이 걸린다면 이것은 좋지 않은 토론 태도이다. 자신의 주장을 한 줄로 요약해 제시한 뒤 이렇게 생각한 근거를 말하는 습관을 가지는 것이 좋다.

둘째, 상대방의 의견을 경청하는 자세가 매우 중요하다. 대화를 하거나 토론을 할 때 우리는 스스로를 잘 듣는 사람이라고 이야기한다. 우리는 적극적인 경청을 할 필요가 있다. 적극적인 경청이란, 상대가 하는 말에서 공감하는 부분이 있다면 몸의 언어를 사용하여 고개를 끄덕거리거나 '맞아요', '동의합니다' 등의 맞장구를 치는 것이다. 만약 상대가 제시하는 내용 중 이해가 되지 않는 부분이 있다면 적절한 질문을 하는 것도 적극적인 경청의 예가 될 수 있다.

셋째, 토론식 면접에서는 자신이 제시한 의견이 다른 사람의 의견보다 우수하다고 생각하여 상대를 공격하는 태도가 나타날 때도 있다. 상대의 주장에 반대하는 의견을 제시해야 할 때는 YES-BUT 대화법을 이용하는 것이 좋다. YES-BUT 대화법이란, 상대가 제시한 의견이나 주장에 먼저 공감의 말을 전한 후 자신의 의견을 제시하는 것이다. 예를 들어 '○○○ 씨의 의견 잘 들었습니다. 아주 기발한 아이디어 같아요. 하지만 저는 이 문제에 다른 방법을 제시하고 싶습니다'라고 전달할 경우 면접관에게 상대방의 마음에 상처를 주지 않으면서 자신의 의견을 명확하게 제시하는 방법을 아는 면접자라는 이미지를 제공할 수 있다.

③ 임원 면접

임원 면접에서 임원이란, 기업 운영에 영향력을 가지고 기업의 높은 지위에 있는 사람으로서 기업에 지원하는 면접자들이 가장 부담을 가지는 면접이다. 임원 면접은 면접자가 기업 분위기에 잘 어울리는 성향이나 태도를 보이는지, 성실하고 오랜 시간 기업과 함께할 수 있는지, 조직 문화에 순응하며 기업에 애착심이 있는지 평가한다.

최근 면접자들은 '평생직장은 사라지고 평생직업만 있다'라고 할 만큼 오랜 시간 같은 기업에서 근무하는 가치를 낮게 인식하고 이직에 어려움이나 부담이 없다고 말하고 있다. 그러나 기업에서는 새로운 사람을 채용하고 직무에 적합한 능력을 갖추도록 하는 데 오랜 시간이 걸리는 만큼 조직과 좋은 관계를 오래 유지할 수 있는 사람, 즉 기업에 충성심을 갖춘 사람을 채용하기 위해 애쓰고 있다. 따라서 임원 면접에서 면접자는 최대한 정중하고 겸손한 태도를 보이며 기업 문화에 긍정적인 태도를 보이는 것이 좋다.

④ AI 면접

AI(artificial intelligence) 면접은 인공지능 면접으로 사람인 면접관이 면접자를 평가하는 것이 아니라 AI가 빅데이터를 통해 면접자를 평가하는 방식을 의미한다. AI 면접에서 주요하게 평가하는 요소는 지원자의 자기소개 또는 지원동기 등과 같은 질문에 대답하는 동영상을 중심으로 AI가 면접자의 표정이나 목소리 톤의 변화를 파악하고 이를 분석한 후 점수화하는 방식이다.

AI 면접 방식은 기존의 대면면접에서 사람이 면접자의 모든 순간을 기억하지 못하고, 면접 채용 시 면접관의 주관적인 판단이 개입되는 문제를 해결함으로써 현재 인재 채용 방식에서 대기업을 중심으로 많이 활용되는 면접 형태이다. 그렇다면 AI 면접 채용 방식에서 좋은 평가를 받기 위해 어떻게 해야 할까?

첫째, AI 면접 시간은 일반적으로 30~90분 정도로 소요되는 경우가 많다. 따라서 장시간 주변의 방해를 받지 않고 면접에 집중할 수 있는 조용한 장소를 선택하는 것이 좋다. 또한 AI 면접 도중 인터넷 접속이 끊어지거나 느려지면 면접 진행에 불리한 상황이 생길 수 있으므로 인터넷 접속 환경을 고려하여 장소를 선택하는 것이 좋다.

둘째, AI 면접 복장을 선택할 때는 일반적으로 면접 시 착용하는 블라우스, 셔츠와 같은 단정한 옷차림이 좋다. 이때 비대칭 디자인이나 과한 장식, 패턴이 있는 복장은 면접에서 나의 표정이나 말보다 복장에 더 많은 시선을 줄 수 있으므로 피하는 것이 좋다.

셋째, AI 면접은 매우 생소하므로 실제 면접 전 핸드폰 카메라 또는 컴퓨터 렌즈를 통해 자신의 모습이 어떻게 보이는지 확인해야 한다.

넷째, 미소를 보이며 큰 소리로 답한다. 이는 기존의 대면면접과 같이 중요하게 인식되는 부분이라 할 수 있다. 평소에 미소를 지으며 말하기가 어려운 면접자의 경우 화면 속 자신의 얼굴이 어색하고 생소해서 더욱 부자연스러운 표정이 연출될 수 있다. 따라서 핸드폰 카메라 또는 컴퓨터 화면 속의 내 모습을 반드시 확인하고, 화면 속 미소가 면접관에게 호감을 줄 수 있을 때까지 반복 연습하는 것이 좋다.

 면접 이미지메이킹

면접관에게 긍정적이고 호감 가는 첫인상은 면접에 참석한 사람의 표정, 자세, 목소리 등과 같은 비언어적인 요소가 많은 작용을 한다. 면접관에게 기업에 잘 어울리고, 동료들과 협업할 준비가 되어 있는 사람이라는 이미지를 주는 것이 매우 중요하기 때문에 이미지 연출을 할 때 내가 가지고 있는 진짜 이미지 또는 내가 보여주고 싶은 성향을 제시하는 것보다 기업이 자신의 직업에 희망하는 이미지를 올바르게 이해하고, 자신이 입사하고 싶은 기업의 문화에 잘 어울리는 이미지를 연출하는 것이 매우 중요하다.

과거에는 깔끔한 인상을 주기 위하여 흰색 셔츠와 검은색 또는 짙은 네이비 정장을 세트로 갖추어 입는 것이 정해진 법칙이라고 생각하고 모두 같은 모습으로 면접 대기실에 앉아 있는 모습을 볼 수 있었다. 그러나 오늘날에는 기업의 특징에 따라 선호하는 양복 스타일과 헤어 연출법이 다르기에 기업문화에 대한 분석이 반드시 필요하다.

현대사회에서 이미지메이킹이란 단순히 다른 사람에게 보여주고 싶은 이미지를 만들어 긍정적이고 호감 가는 이미지를 만드는 것이 아니다. 다시 말해, 입사하기를 희망하는 회사에 취업을 준비하는 사람에게 이미지메이킹이란 기업이 원하는 완성된 이미지를 제공하는 것이며 면접의 성공과 실패를 결정하는 중요한 기준으로 작용하는 것을 의미한다.

온라인 취업사이트 사람인(www.ssaramin.co.kr)에서 실시한 설문조사에 따르면, 자신이 희망하는 회사에 취업하기 위해서 성형할 의지가 있느냐는 질문에 전체 설문자 중 78.6%가 성형할 의사가 있다고 밝혔으며, 성형을 하겠다는 사람들 중에서 34.1%는 오직 자기만족을 위해 성형하겠다고 밝혔고, 나머지 29.5%는 차후 취업 및 이직에서 긍정적인 효과를 보기 위해서라는 의견을 제시했다고 밝혔다.

설문조사 결과와 같이 이미지메이킹은 일반적으로 우리가 일상생활에서 만나는 다른 사람에게 보이는 이미지뿐만 아니라 구직난에 힘든 시기인 요즘 면접관에게 호감을 주기 위해 자신의 외모를 관리하는 방법으로 인식되고 있으며, 나아가 취업 시장에서 반드시 필요한 전략이자 능력으로 평가되고 있다.

이미지메이킹의 요소 중 효과를 가장 극대화할 수 있는 방법은 의상, 헤어, 메이크업 등 외적인 요소를 변화시키는 것이다. 우리가 면접에 임할 때 신경 써야 할 이미지메이킹 연출 방법에 대해 알아보자.

① 여성 지원자의 면접 복장

여성 지원자의 면접 복장으로는 블라우스와, 스커트, 시계와 구두가 적절하다. 이때 착용하는 블라우스는 소재와 디자인에 따라 천차만별로 구매할 수 있으나 가장 신경 써야 할 부분은 무엇보다 자신의 체형을 고려한 디자인을 구매하는 것이다.

　첫째, 블라우스 및 셔츠는 자신의 피부톤이나 신체 조건에 맞추어 본인에게 가장 잘 어울리는 블라우스 및 셔츠를 선택하는 것이 좋다. 예를 들어, 목이 올라오는 형식의 차이나카라 디자인을 고르는 경우 얼굴이 원래 사이즈보다 커 보일 수 있다는 단점이 있으니 평소 얼굴이 다른 사람보다 커서 신경을 쓰는 사람이라면 선택하지 않는 것이 좋다. 또한 블라우스나 셔츠에 장식이 많은 경우 면접관이 자신의 얼굴이나 말에 집중하지 못하게 하는 단점이 있으니 절제된 디자인을 선택하는 것이 좋다.

　이렇듯 면접자의 이미지와 얼굴형 그리고 피부톤에 따라 자신에게 어울리는 의상을 고르는 것은 매우 어렵다. 따라서 여러 가지 유형의 옷을 입어보고 사진으로 남겨 사회 경험이 많은 선배 또는 연장자에게 상의한 후 신중하게 고르는 것을 추천한다. 즉, 면접 복장이란 평소에 자신이 선호하는 스타일의 옷을 구매하는 것이 아니라 타인이 바라보았을 때 신뢰감과 호감을 가질 수 있는 블라우스나 셔츠를 구매하는 것이다.

　또한, 블라우스와 셔츠의 경우 소재에 따라 다른 느낌을 줄 수 있다. 실크 소재는 세련되어 보이는 장점이 있지만 반대로 나이가 들어 보인다는 단점이 있다. 면 소재는 단정해 보이는 장점이 있지만 반대로 학생 같은 느낌이 들어 숙련된 느낌이 들지 않는다는 단점이 있다.

　체형에 따라 면접 복장을 선택할 때는 가슴이 큰 여성 지원자의 경우 블라우스 또는 셔츠에 무의가 없는 심플한 스타일을 선택하는 것이 좋다. 반대로 가슴이 작은 지원자의 경우는 리본이나 프릴이 달려 있는 블라우스 또는 셔츠를 선택할 경우 면접관의 시선이 분산되어 단점을 보완할 수 있다. 평소 어깨가 좁다고 생각하거나 어깨가 처진 형태로 고민하는 면접자의 경우는 블라우스 또는 셔츠에 퍼프 소매가 디자인된 제품을 선택하는 것이 좋다.

　둘째, 면접 복장으로 치마를 선택할 경우에는 H라인 스커트로 무릎 위에 오는 길이가 적당하다. 색상은 상의에 따라 자유롭게 선택할 수 있으나 면접장으로 입장·퇴장할 때의 편의성을 고려해 뒤트임 디자인을 선택하는 것이 좋다.

　치마 길이를 선택할 경우 무릎이 보이는 것이 좋지만 의자에 착석할 경우를 고려하여 무릎 위에서 5cm 정도가 이상적이며 너무 짧은 길이는 면접관과 면접자 모두에게 부담을 줄 수 있으니 주의해야 한다.

　치마의 색상은 청색 또는 검은색이 적당하며 항공사 또는 유니폼을 착용하는 기업에 지원할 경우 유니폼의 색상과 유사하거나 동일한 색상으로 구매하여 면접에 참여할 경우 기업에 대한 정보를 갖추고 있다는 의미로 인식되어 긍정적인 효과를 기대할 수 있다. 그러나 자신의 피부색과 전혀 어울리지 않는 색일 경우 오히려 역효과가 날 수 있으니 미리 착용해보고 선택하는 것을 추천한다.

여성 지원자가 치마 복장으로 면접에 참여할 경우 반드시 스타킹을 착용하는 것이 좋다. 이때 검은색이 아닌 커피색 또는 살구색 스타킹이 적합하다. 또한 면접장에 도착하여 스타킹에 올이 나가는 상황이 발생하면 매우 난감하므로 여분의 스타킹을 구비하여 상황에 따라 대처하는 것이 좋다.

셋째, 구두는 무광을 추천한다. 선 자세로 면접을 보는 경우 긴장한 마음에 자신도 모르게 신발을 움직이다 보면 유광 처리된 구두에서 소리가 발생하는 경우가 있다. 구두의 높이는 7~8cm가 적당하며 자신의 키가 타 지원자에 비해 큰 편이라도 2~3cm의 구두는 다리의 모양이 예뻐 보이지 않는 경우가 있으므로 4cm 이상의 구두 굽이 좋다. 구두의 앞부분은 막혀 있는 것이 좋고, 앞부분이 너무 둥글거나 뾰족한 스타일을 선택하는 것은 좋지 않다.

넷째, 액세서리를 선택할 때 귀걸이는 귀에 부착된 형식으로 1쌍을 착용하고, 금 제품이나 진주 귀걸이가 좋다. 손목에는 시계를 착용하여 필기시험이나 면접 시 요구되는 시간에 늦지 않도록 사용하는 것이 좋다.

② 남성 지원자의 면접 복장

남성 지원자의 경우 양복은 단색으로 선택하는 것을 추천한다. 이때 양복 색상은 짙은 남색이 좋고, 무늬가 있는 양복의 경우는 와이셔츠나 넥타이와 조합하기에 제한이 많다는 단점이 있으므로 패턴이 없는 양복이 활용도가 높다.

첫째, 양복과 셔츠 그리고 넥타이 색을 선택할 경우 기초 색상과 악센트 컬러의 조화가 매우 중요하다. 기본적으로 양복의 색을 기초로 하여 와이셔츠나 넥타이의 색을 악센트로

주는 것이 좋다. 예를 들어 양복이 밝은 회색이면 셔츠 색과 넥타이 색은 어두운 것으로 선택하고, 양복이 검은색이면 셔츠나 넥타이에 화사한 파스텔 색을 선택하거나 무늬가 들어간 것을 선택하는 것이 좋다.

양복의 경우 발목이 보이는 바지 길이는 매우 좋지 않다. 따라서 양복 바지의 길이는 신발 위에 가볍게 닿는 정도로 뒤는 앞보다 2cm 정도 길고 구두의 뒷굽보다 1cm 정도 위로 올라가는 정도가 가장 추천되는 길이이다. 바지 통이 너무 넓은 바지는 다리 라인이 멋있게 보이지 않고, 너무 오래된 패션이라고 인식될 수 있으며, 바지 통이 너무 좁은 것은 활동성을 낮출 뿐만 아니라 신뢰감이 낮아지는 부정적인 영향을 줄 수 있으니 바지 통을 자신의 체형 및 다리 라인에 적합한 폭으로 선택하는 것이 좋다.

둘째, 여성이 액세서리를 통해 자신의 패션 감각을 표현한다면 남자 지원자의 경우는 벨트와 구두를 활용하여 자신의 이미지를 높이는 데 활용할 수 있다. 벨트의 경우는 가볍고 단순한 디자인을 선택하는 것이 좋고 일반적으로 허리의 1~2cm 정도 위에 착용한다. 구두의 경우는 양복의 색에 따라 어울리는 색상이 달라지지만 일반적으로는 검은색 또는 짙은 밤색을 선택하는 경우가 많다. 구두를 착용할 때 이물질이 붙어 있지는 않은지, 구두 뒷굽이 닳아 있지는 않은지 확인 후 착용하는 것을 추천한다.

셋째, 양복을 입을 때 양말 색이 어울리지 않는다면 이 또한 면접에서 마이너스가 될 수 있다. 양말은 바지에 맞추어서 색을 선택하되 무늬가 있는 것은 좋지 않다. 또한 양복을 입고 있을 때 흰색 양말을 착용하는 것은 어울리지 않으며, 양말은 반드시 발목 위로 올라오는 길이를 선택하고 양말의 발목 길이는 다리를 꼬아서 앉았을 경우에도 발목이 보이지 않는 길이가 적당하다.

❸ 면접 분야에 따른 이미지메이킹

면접 이미지메이킹에서 가장 중요한 것은 회사 이미지에 부합하도록 외적 이미지를 연출하고 있는가이다. 일반적으로 보수적인 기업 분위기를 가지고 있는 법률 또는 교육산업, 자율적인 분위기의 세일즈나 마케팅 분야 그리고 기업의 특수성을 가지는 금융, 항공 등 산업에 따라 어울리는 직업적 이미지에 차이가 있다.

첫째, 대기업 및 공기업

대기업 및 공기업은 예의와 서열을 매우 중요시하는 기업 분위기를 가지고 있으며, 면접에 참여하는 담당자들은 보통 임원급이므로 최대한 단정한 스타일을 갖추어서 면접에 참여하는 것을 선호한다. 따라서 트렌드에 따르는 화려한 디지인이나 색상은 좋은 인상을 주는 데 적합하지 않다.

일반적으로 대기업 또는 공기업에 지원하는 면접자들은 짙은 회색이나 남색 또는 검은색의 정장을 기본으로 하고, 줄무늬 모양이 있는 재킷에 H라인 치마를 착용하는 것이 깔끔한 정장 스타일이라 할 수 있다.

둘째, 금융계 및 컨설팅 회사

고객에게 신뢰감과 전문성을 느낄 수 있도록 하는 것이 무엇보다 중요한 금융계 및 컨설팅 회사에 지원하는 경우 면접자는 깔끔한 스타일링을 하는 것이 좋다. 이때 정장의 색상은 부드럽고 안정감을 주는 청색이나 검은색 또는 짙은 회색의 무채색이 세련되고 지적인 이미지를 연출하는 데 도움이 된다.

기존의 면접 복장으로 자주 선택하는 한 벌의 슈트를 세트 정장으로 선택하는 것도 좋지만 재킷의 색상이나 디자인에 포인트를 주는 콤비 정장의 연출도 세련된 이미지와 개성을 나타내는 데 도움이 된다.

셋째, 광고 및 디자인 기업

광고 및 디자인 기업의 경우 산업 특성상 트렌드를 가장 많이 반영한 것이 장점으로 나타날 것이라 생각하지만 트렌드를 반영한 것보다 면접 복장에서 전체적인 조화가 잘 이루어져 있는가 하는 부분이 면접에서 중요하게 인식되는 요소임을 잊지 말아야 한다. 따라서 자신의 패션 성향이  나 취향이 지나치게 나타나는 디자인의 옷을 입는 것보다는 세련됨을 표현할 수 있는 세미 정장이 좋다. 또한 면접자의 개성이 드러나지 않는 검은색 정장에 흰색 셔츠보다는 스카프, 귀걸이, 벨트, 구두 등의 액세서리를 의복과 적절하게 조화시켜 자신의 개성이 포인트 형식으로 나타날 수 있도록 배치하는 것이 현명한 면접 복장이라 할 수 있다.

 참고문헌

· 김수인·김윤숙·정영미(2019), 「글로벌 에티켓과 이미지메이킹」, 양성원.

· 김영진·이승연(2015), 「승무원처럼 이미지메이킹하라」, 대왕사.

· 김유래·전수진(2018), "동서양 문화권에 따른 이미지, 애니메이션 이모티콘 사용 양상 차이점 연구", 인제대학교 디자인연구소, 17(2), pp.9-20.

· 김정우(2014), 「취업면접의 정석」, Raonbook.

· 문희정·김민경·정보라(2021), 「객실승무원의 이미지메이킹」, 양성원.

· 박창욱·전미옥(2019), 「진로와 취업」, 백산출판사.

· 박혜정(2017), 「면접 워크북」, 백산출판사.

· 변영희·김은경·김지연(2016), 「NCS를 기반으로 한 퍼스널 이미지메이킹」, 청람.

· 심윤정·고샛별(2021), 「이미지 UP 글로벌 매너와 에티켓」, 양성원.

· 양근애(2021), 「한 권으로 완성되는 승무원 이미지메이킹」, 한올.

· 우소연(2020), 「셀프 이미지메이킹과 브랜딩 전략」, 백산출판사.

· 유정화·이나영(2021), 「이미지메이킹과 면접」, 백산출판사.

· 이인경(2011), 「인파워 & 서비스 이미지메이킹」, 백산출판사.

· 이재희(2014), 「소통 리더십 개발을 위한 비즈니스 커뮤니케이션」, 한올.

· 이지영·고주희(2021), 「커뮤니케이션 기법과 실습」, 한올.

· 이향정·오선미·김효실(2017), 「매너지수를 높이는 글로벌 매너 글로벌 에티켓」, 백산출판사.

· 정명희·이원화(2018), 「이미지메이킹과 글로벌 매너」, 새로미.

· 지희진(2022), 「리셋 이미지메이킹」, 양성원.

· 최승리·이지은·이정화(2019), 「승무원 이미지메이킹」, 한올.

· 최은미·임윤경·김선형 외(2020), 「뷰티디자인」, 형설출판사.

· 카밀 래빙턴·스테파니 로시(2004), 박강순 옮김, 「첫인상 3초 혁명」, 한스미디어.

· 한국서비스경영교육원(2021), 「SMAT Module A 비즈니스 커뮤니케이션」, 시대고시기획.

· 한수정·우소연(2020), 「4차 산업시대를 위한 셀프 진로설계와 취업면접」, 백산출판사.

· 한수정·우소연(2020), 「셀프 이미지메이킹과 브랜딩 전략」, 백산출판사.

· 허정록·임윤경·박민선(2022), 「토털 이미지메이킹」, 형설출판사.

· 홍숙영·안명숙(2021), 「이미지메이킹과 취업 마인드셋」, 새로미.

· 황선길·안현희(2005), 「실전 면접에 강한 면접질문 202제」, 제우미디어.

· 대한뷰티퍼스널협회(퍼스널컬러 진단도구)

· 정부의전편람.

· 컬러즈(퍼스널컬러 진단도구)

· MBC 스페셜(2009), 〈첫인상〉, 첫인상을 만드는 신체언어.

· 이코노미스트, https://economist.co.kr/2015/12/06/finance/bank/309356.html

· 잡코리아 취업뉴스, https://www.jobkorea.co.kr/goodjob/tip/view?News_No=16605

· Gawronski, B., Rydell, R. J., Vervliet, B., & De Houwer, J. (2010). Generalization versus contextualization in automatic evaluation. Journal of Experimental Psychology: General, 139(4), p.683.

· Miller, N., & Campbell, D. T. (1959). Recency and primacy in persuasion as a function of the timing of speeches and measurements. The Journal of Abnormal and Social Psychology, 59(1), p.1.

· Staw, B. M., & Barsade, S. G. (1993). Affect and managerial performance: A test of the sadder-but-wiser vs. happier-and-smarter hypotheses. Administrative science quarterly, pp.304-331.

이미지메이킹

Index

저자소개

박희정
- 동아대학교 대학원 관광경영학 박사
- 현)경남대학교 관광학부 교수
- 전)카타르항공사 객실승무원

박민희
- 경기대학교 일반대학원 관광학 박사
- 현)송원대학교 항공관광학과 교수
- 전)동방항공 객실승무원

이은영
- 한국항공대학교 대학원 경영학과 항공경영 전공
- 현)동원대학교 항공서비스과 교수
- 전)대한항공 객실승무원

전진명
- 경기대학교 서비스경영전문대학원 서비스경영전공
- 현)광주대학교 항공서비스학과 교수
- 전)아시아나항공 사무장

 이미지메이킹

초판 1쇄 발행　2023년 1월 10일

저 자	박희정·박민희·이은영·전진명
펴낸이	임 순 재
펴낸곳	(주)한올출판사
등 록	제11-403호
주 소	서울시 마포구 모래내로 83(성산동 한올빌딩 3층)
전 화	(02) 376-4298(대표)
팩 스	(02) 302-8073
홈페이지	www.hanol.co.kr
e-메일	hanol@hanol.co.kr
ISBN	979-11-6647-300-5

이미지메이킹